E. Doepler / W. Ranisch

Walhall

Die Götterwelt der Germanen

REPRINT – VERLAG
LEIPZIG

Die zum Teil geminderte Druckqualität ist auf den Erhaltungszustand der Originalvorlage zurückzuführen.

Bibliographische Information der Deutschen Nationalbibliothek
Die Deutsche Nationalbibliothek verzeichnet diese Publikation in der Deutschen Nationalbibliographie; detaillierte bibliographische Daten sind im Internet über www.d-nb.de abrufbar.

© REPRINT-VERLAG-LEIPZIG
Volker Hennig, Goseberg 22-24, 37603 Holzminden
www.reprint-verlag-leipzig.de
ISBN 978-3-8262-0412-8
ISBN 3-8262-0412-3

Reprintauflage der Originalausgabe von 1900
nach dem Exemplar des Verlagsarchives

Alle Rechte vorbehalten.
Kein Teil dieses Buches darf ohne ausdrückliche Genehmigung des Verlages in irgendeiner Form reproduziert oder unter Verwendung elektronischer Systeme verarbeitet, vervielfältigt oder verbreitet werden.

Lektorat: Andreas Bäslack, Leipzig
Gesamtherstellung: Druckhaus „Thomas Müntzer" GmbH

WALHALL
DIE GÖTTERWELT DER GERMANEN

von
E. DOEPLER D. J.
und
DR. W. RANISCH

VORWORT

Seitdem Jacob Grimm das Heidentum der Germanen in helles Licht gerückt hat, fehlte es nicht an Versuchen, einem weiteren deutschen Leserkreise die alten Götter und Göttinnen faßbar und anschaulich vorzustellen. Man ging dabei auf verschiedenen Wegen und nach ungleichen Zielen; Zeitströmung und persönliche Ansicht haben die Richtung bestimmt. Dem neuen Werke, das hier seine Wanderung antritt, wollen diese Geleitworte nicht ein Heroldsruf sein; sie wollen den Blick des Lesers auf einige Thatsachen hinlenken, die bei der Würdigung der germanischen Götterwelt zu beherzigen sind.

Der geschichtliche Lebenslauf der Germanen beginnt mit Kämpfen gegen das Römerreich. Auf die Jahrhunderte des Kampfes folgte ein Jahrtausend des willigen Lernens: der Germanenstamm war der Neuling, das junge Volk, das von der alten gereiften Kultur des Südens allmählich in sich aufnahm, was zu retten war. Der erste Schritt war überall die Annahme der christlichen Religion. Damit erkauften die blonden Eroberer den Eintritt in die neue Völkerfamilie. Und so haben die Germanen fast im Kindesalter schon ihre eigenen Götter dahingegeben. Sie waren zwar keine Wilden mehr, aber doch noch Barbaren, entwicklungsfähig, voller Anwartschaft auf die Zukunft, als ihre heidnischen Vorstellungen durchschnitten wurden, ohne an der weiteren Entfaltung des Volkes Anteil zu erlangen. Unser heimischer Götterglaube ist für uns ein Stück unserer Jugendgeschichte.

Welche Mittel hatte der Germane einzusetzen, um sich ein belebtes Götterreich zu erschaffen?

Unser Volksstamm, soweit wir zurückschauen können, besaß dichterische Begabung. Er wußte die bunte Menge von Gestalten und Handlungen zu erfinden, die den Inhalt unserer Mythenreihe ausmachen: bald ein Abbild des Menschenlebens in gesteigerten Maßen; bald ein verwegenes Hinausschreiten über alle Wirklichkeit, dem Märchen ähnlich, doch mächtiger und mit ernsterem Hintergrund. Und er wußte diese Stoffe zu Liedern abzurunden, die in gehobener Sprache, in schwerem, wuchtigem Klange einherrauschend, die Begeisterung des Sängers wie des Hörers entfesselten.

Mit dem Dichterworte vermochten der Meißel und der Stift nicht Schritt zu halten. Erst viel später, als die Germanen lange Zeit bei den südlichen Nachbarn in die Schule gegangen waren, erhob sich ihre bildende Kunst zu freien, großen Schöpfungen. Wohl hat schon der heidnische Germane Götterbilder aufgestellt, mythische Szenen in Stein und Holz geschnitten und farbig an die Wand gemalt. Aber diese stammelnde Kunst, mochte sie dem einfachen Bedürfnis nach Vergegenwärtigung genug thun, konnte niemals das aussprechen, was vor dem inneren Auge stand. Sie half nicht mit bei der Vermehrung des Phantasieschatzes. Die Dichtung war der führende Teil; die bildende Kunst folgte bescheiden in weitem Abstande.

Wie anders war es um die Götterwelt der Griechen bestellt! Da stieg eine unvergleichliche Kunst in die Höhe und stellte sich zu der älteren Schwester, der Poesie, Seite an Seite. Da durfte es ein Bildner unternehmen, den Zeus so zu formen, wie ihn der Blick des größten Dichters geschaut hatte. Nicht nur Homer und Aeschylus, sondern neben ihnen Phidias und Praxiteles haben den Griechen ihren Götterhimmel erbaut. Wenn wir die Namen Apollo und Aphrodite nennen, so treten zuerst die weißen Marmorbilder vor unser Auge, ehe wir uns an die Fabeln der Dichter erinnern.

Die Kunstarmut des heidnischen Germanen hat für uns zur Folge, daß wir die Gesichtszüge seiner Gottheiten nicht kennen. Wie der einäugige Göttervater und der starke Donnergott ihrem Verehrer vorschwebten, wissen wir nicht, und es hülfe uns wenig, wenn alle Bildnisse der Heidenzeit wohlerhalten auf uns gekommen wären.

Wir müssen den weiten Umweg nehmen und uns in die Welt der Germanen tief einleben, um aus dem Worte des Dichters die sinnliche Erscheinung der Götter hervorzuzaubern.

Aber nicht nur das. Den Liedern selbst und ihren Stoffen, der ganzen germanischen Mythenmasse sieht man es an, daß hier die Hand des Bildners nicht mit an der Arbeit war. Diese Erzählungen wurden nicht plastisch gebändigt. Sie lassen auf Schritt und Tritt die Folgerichtigkeit fürs Auge vermissen. Statt der klaren Form haben wir wandelbare Schemen: sie scheinen sich auszudehnen und zusammenzuziehen, sich zu nähern und zu entfliegen, als erlebten wir sie im Traum.

Dennoch wird es immer wieder den Künstler reizen, diese flüchtigen Dichtervisionen zu bannen und mit den Mitteln einer reifen Kunst die Aufgaben zu bewältigen, denen unsere heidnische Vorzeit nicht gewachsen war.

Vor Jahrhunderten schon sind die Götter Griechenlands in das christliche Europa eingezogen, lebensfrisch, als hätten sie nie im Grabe gelegen, gebietend im Reiche der Schönheit, als stünden noch ihre Tempel und Altäre. Wir Deutsche nicht am wenigsten haben sie bei uns aufgenommen: unsere Dichter und Künstler in langer Reihe gewannen ihnen das volle Bürgerrecht. Wir empfinden die Götter Homers, die auch die Götter Goethes sind, kaum mehr als Fremdlinge.

An unser eigenes Heidentum haben wir uns erst viel später wieder erinnert. Klopstocks wohlgemeinte, übelgeratene Bardendichtung zog keine bleibende Spur, und die Mittagshöhe unseres Schrifttums ging vorüber ohne Wodan und Donar. Schon waren die christlichen Ritter auferstanden und hatten sich die Herzen erobert, und noch währte es geraume Zeit, bis die heidnischen Himmelsbewohner nachfolgten.

Als man versuchte, die Götter der Edda schöpferisch zu frischem Leben unter uns zu erwecken, da empfand man die Notwendigkeit, in die alten Fabeln einen neuen Geist zu legen. Diese Götter dachten und redeten nicht mehr so, wie sie der Nordländer einst denken und reden ließ. Auch ihre Erlebnisse verketteten sich anders; die Dichter des neunzehnten Jahrhunderts trugen mit Bewußtsein ihren eigenen Plan in das Göttergeschick.

Es entstand allmählich in unsern gebildeten Kreisen eine Vorstellung vom germanischen Heidentum, worin sich Altes und Neues, Urdichtung und Umdichtung auf mannigfache Art vermengten.

Das vorliegende Buch will, in Bild und Wort, das Alte, Echte geben. Mag uns auch das eine und andere unpoetisch oder grotesk anmuten — nur was die alten Quellen als den geistigen Besitz der einstigen Deutschen und Nordländer bezeugen, sollte Aufnahme finden. Diese Quellen aber sind ein Fragment der Fragmente: schon ihr einfaches Verständnis, geschweige denn ihre Verknüpfung und Deutung, verlangt das Eingreifen der wissenschaftlich gezügelten Phantasie. Diese ergänzt das Bild, ohne es mit fremden Farben eigenmächtig aufzuputzen. Und fürwahr, diese Dichtungen, das ehrwürdige Erbstück der Vorfahren, haben ein Anrecht darauf, unverziert und unversüßt in die Hand der Nachkommen gelegt zu werden!

Der unverfälschten Götterwelt der Deutschen und ihrer skandinavischen Brüder nahezukommen und sie nach ihrer Eigenart gerecht zu würdigen, fällt uns nicht leicht. Die äußere Kultur, die sich in dieser Religion spiegelt, liegt weit hinter uns, eine kindliche Stufe im Lebensgang unseres Volkes. Und von den sittlichen Werten, die in diesem Kreise galten, hat sich in tausendjähriger Entwicklung das meiste von Grund aus umgestaltet. Es weht uns wie kalte, rauhe Bergluft an, wenn wir dem alten Wodan und seinem Gefolge gegenübertreten. Unser Auge muß sich eingewöhnen, manches Vorurteil in uns muß fallen, bis wir die Maßstäbe für diese Gestalten gewinnen und das dichterisch Große an ihnen so empfinden, wie es vor Zeiten beim Vortrag seines Sängers der Hörer empfunden haben mag.

Die germanische Götterlehre als religiöser Glaube ist tot und wird es bleiben. Aber keiner, der in dem großen Bilderbuch der Weltgeschichte zu lesen liebt, wird das Blatt überschlagen, das von den kühnen überirdischen Träumen des jugendlichen Germanenvolkes erzählt.

Andreas Heusler.

DIE WILDE JAGD

1. Stück

Die Vorstellung von Göttern, von überirdischen Wesen, die des Menschen Wohl befördern oder hindern können, ist ausgegangen von einer phantasievollen Naturbetrachtung. Wenn der jugendliche Mensch aus seinem schützenden Versteck hinaustrat in die Gewitternacht, wenn dann der Wind durch das Laub der Bäume fuhr, und die Wolken am Himmel einhergetrieben wurden, so glaubt er einen gespenstischen Reiter durch den Wald sausen zu sehen, von einem Jagdgefolge begleitet. Wenn das Rollen des Donners an sein Ohr drang, so meinte er, daß da oben ein übermenschliches Wesen auf einem Wagen dahinrolle, oder daß es seine Waffe durch die Wolken schleudere. Wenn der Blitz züngelnd hinabfuhr in eine alte Eiche des Waldes und der zersplitterte Baum in heller Flamme emporlohte, so erschien das blendende Feuer seinem erschreckten Auge als ein Ungetüm, in Menschengestalt etwa, doch mächtiger, stärker als ein Mensch. Trat er ein ander Mal an das Gestade des empörten Meeres, so erblickte sein erregter Sinn nicht mehr die grünlichen Wogen mit weißem Gischtkamm, sondern den weißhaarigen Meeresgott mit seinen grünlockigen Töchtern, den Wellen. Das Furchtbare wird die Phantasie des Menschen zuerst angeregt haben; doch bald beschäftigen auch die sanfteren Bilder des Naturlebens seinen empfänglichen Geist. Er entdeckt zwischen sich und den Pflanzen eine Ähnlichkeit in dem allmählichen Wachstum, der murmelnde Bach hat eine Stimme wie er, daher legt er beiden ein persönliches Dasein bei. Ja selbst den Himmel, der die Pflanzen mit treibendem Sonnenschein zur Reife bringt und mit dem Naß des Regens erquickt, denkt er sich persönlich; die Sonne erscheint ihm als des Himmels Auge, oder sie ist selbst ein mächtiger Gott.

Der Mensch faßt also die Naturgewalten und Naturgegenstände als Wesen auf, die ihm selber ähnlich sind, er legt ihnen auch menschliche Handlungen und Schicksale bei. Bevor das geschehen kann, muß die Kunst des Erzählens schon über die ersten rohen Versuche hinaus sein. Kleine novellistische Darstellungen aus dem Menschenleben müssen vorhanden sein, bevor man ähnliche Geschichten auch von den Göttern erzählte. Zunächst wird jeder Teil der Erzählung einem Teile des Naturvorganges genau angepaßt. Ein Mythus des Sonnengottes würde also so aussehen: Der Gott reitet durch die Waberlohe, um zur Erdgöttin zu gelangen, d. h. die Sonne steigt durch die Morgenröte am Himmel empor. Seine Ehe mit der Erdgöttin entspricht dem Wege der Sonne am Tageshimmel. Wenn dann der Gott durch seine Gegner, die Mächte der Finsternis, erschlagen wird, so deutet das auf den Untergang der Sonne hin. Dies wäre ein einfacher Mythus, bei dessen Deutung niemand fehlgreifen würde; aber die meisten Mythen bleiben nicht so einfach. Die Dichter schmücken die ursprünglich durchsichtige Geschichte mit allerlei poetischen Motiven aus, die nicht immer zu dem Naturvorgang passen. Daher kommt es, daß nur wenig Mythen sich mit Sicherheit deuten lassen.

Wo der Mensch dem Übermenschlichen gegenübersteht, sucht er sich in ein gutes Verhältnis damit zu setzen. Er erfleht seine Huld im Gebet und sucht seinen Zorn abzuwehren durch das Opfer. Die Volksüberlieferung lehrt, daß der einzelne Mensch auch den kleineren Naturwesen, den Feld-, Wald- und Quellgeistern, opfert. Treten aber die Familien zu größern

Genossenschaften zusammen, um sich gemeinsam vor dem Höhern zu beugen, so werden nur die gewaltigeren Naturerscheinungen, der Himmel, der Wind, das Gewitter, das Feuer, das Meer als Götter verehrt, nur ihnen naht man mit Opfer und Gebet. Beides, Opfer und Gebet, bezeichnen wir als Kultus, Mythen und Kultus zusammen aber nennen wir Religion.

Von den Göttern unserer heidnischen Vorfahren wissen wir Deutschen leider nur sehr wenig. Kein Lied, daß uns über ihre Mythen aufklärte, kein Altar, auf dem ihnen blutige Opfer fielen, ist uns erhalten. Nur vereinzelte, späte Litteraturdenkmäler und die Berichte der römischen Geschichtsschreiber geben uns von ihnen dunkle Kunde. Es würde unmöglich sein, ein Bild von dem altdeutschen Götterglauben zu entwerfen, wenn nicht der römische Schriftsteller Tacitus, um vor einem Kriege mit Deutschland zu warnen, im Jahre 88 nach Christus seinen Landsleuten das Leben, die Sitten und den Kultus der Deutschen in seiner Germania geschildert hätte.

Aus der Germania lernen wir, daß die Deutschen im ersten Jahrhundert nach Christi Geburt keine einheitliche Religion besaßen. Zwar war der Kreis der großen Götter allen Volksgenossen bekannt, aber in verschiedenen Gegenden des Landes traten verschiedene Gottheiten in den Vordergrund. Die Irminonen, die Völker an der oberen und mittleren Elbe nannten sich nach ihrem Hauptgotte Irmin, d. h. dem Erhabenen. Irmin ist aber nichts anderes als ein Beiname des Gottes, der im Urgermanischen Tiw, im Althochdeutschen Ziu, im Nordischen Tyr heißt. Er ist dem Zeus der Griechen, dem römischen Jupiter, ganz nah verwandt, und wie dieser wird er ein alter Himmels- und Sonnengott gewesen sein. Ursprünglich hatte er nicht nur bei den Irminonen, sondern bei allen deutschen Stämmen die Stellung eines Götterfürsten inne. Die beiden wichtigsten Vorgänge des germanischen Lebens, der Krieg und die Volksversammlung, waren ihm unterstellt. Als Kriegsgott dachte man ihn sich reitend, mit dem Eberhelm geschmückt und mit einem prächtigen Schwerte umgürtet; man nannte ihn daher auch Saxnot, d. h. Schwertgenoß. Als Gott der Volksversammlung und des Gerichts ist er bezeugt durch einen Altar, den die friesische Abteilung eines römischen Heeres 230 Jahre nach Christi Geburt in England errichten ließ. Der Altar ist dem Mars Thingsus geweiht, das heißt, dem Tiw oder Ziu, der dem Thing, der feierlichen Gerichtsversammlung der Germanen, vorstand. Wie der Altar, ist auch ein Relief, das sich neben ihm vorfand, die Arbeit eines römischen Steinmetzen und giebt leider kein Abbild des Ziu, es stellt den Mars mit seiner Gans und zwei Genien dar.

Der vornehmste Stamm der Irminonen waren die Semnonen, welche etwa in der heutigen Nieder-Lausitz wohnten; in ihrem Lande befand sich auch das Heiligtum des Gottes. Kein Tempel war es, von Menschenhänden gemacht, sondern ein Eichwald, in dem der Mensch von heiligem Schauer erfaßt ward, und in dessen Rauschen er die Stimme der Gottheit zu vernehmen glaubte. Kein Bild war ihm errichtet im Semnonenwalde, aber doch meinte man, daß hier der Himmelsgott wohne und hier

NERTHUS

vor allem die Verehrung der Gläubigen entgegennehme. Im Herbste erschienen die Abgesandten der irminonischen Stämme zu feierlichem Opfer. Ihre Ehrfurcht drückten sie dadurch aus, daß sie gefesselt den Hain betraten; wer strauchelte und fiel, durfte nicht aufstehen, sondern mußte sich aus dem Heiligtum hinauswälzen. Sonst fielen Pferde und Rinder dem Gotte zu Ehren, hier wurde ihm ein Mensch als Gabe dargebracht. Das Haupt des Geschlachteten steckte man an einem Baumstamm auf.

Heute lebt das Andenken des alten Himmelsherrschers noch in dem Namen eines Wochentages fort. Als man die lateinischen Namen der Tage ins Deutsche übersetzte, gab man den Dies Martis durch Tag des Things, das spätere Dienstag, wieder.

Die Ingwäonen, die Stämme an der Nordsee, betrachteten sich als die Nachkommen des Ing, und das ist wieder nur ein Beiname des Tiw. Aber der Himmelsgott hat hier, der Art des Volks entsprechend, ein anderes Wesen angenommen. Den Seegermanen ist er wohl auch noch der Walter über Krieg und Volksversammlung, doch wurde er bei ihnen zugleich zum Gotte des Ackerbaus, der Schifffahrt, des ruhigen, dem Schiffer freundlichen Meeres. Unter welchem Namen man ihn im Ingwäonenlande bei Gebet und Opfer anrief, wissen wir nicht, im Norden wurde er Freyr genannt. Ihm wird ursprünglich ein Mythus zugehören, den die Angelsachsen von ihrem Urkönige Skeaf erzählten. Auf einem steuerlosen Schiffe trieb einst ein neugeborener Knabe ans Land; er schlummerte ruhig auf einer Getreidegarbe, und von Waffen und Kleinodien war er umgeben. Freundlich nahmen ihn die Männer des Landes auf, nannten ihn Skeaf nach der Garbe, die sein Lager gewesen, und als er herangewachsen war, machten sie ihn zu ihrem Könige. Lange und ruhmvoll herrschte er über sein Reich. Als er gestorben war, trugen seine Mannen ihn wieder auf das Schiff, legten Kleinodien und Waffen neben ihn und übergaben ihn so den Wellen, die ihn einst ans Land getragen hatten. In dem Helden, der unbekannt in einem Reiche erscheint, zur Herrschaft gelangt und wieder verschwindet, kann man den Sonnengott sehen und — da die meisten Tagesmythen zugleich Jahreszeitenmythen sind — auch den Gott der schönen Jahreszeit. Aber damit ist die Deutung des Mythus nicht erschöpft. Das Schiff und die Garbe weisen auf Seefahrt und Ackerbau, die Waffen und Kleinodien auf Krieg und Königtum; die ganze Kultur der seeanwohnenden Germanen ist in der Erscheinung ihres Gottes ausgedrückt. Ihn dachten sie sich als Lehrer des Ackerbaus und der Schiffskunst, als Walter des Kriegs und Schirmer des Königtums.

In naher verwandtschaftlicher Beziehung zu Ing stand die Göttin Nerthus, d. h. die starke, mächtige; auch sie war eine Göttin des Ackerbaus und der Schifffahrt. Auf einer Insel des Ozeans, vielleicht an der Elbmündung, war ihr ein Tempel oder Hain heilig, der auch ein Bild der Göttin in sich barg. Wenn der Frühling ins Land zog, und die ersten Knospen sich schüchtern hervorwagten, dann glaubte der Priester, daß die Göttin ihrem Heiligtume nahe sei. Der Wagen, auf dem ihr verhülltes Bild stand, wurde mit Kühen bespannt, und nun zog die

Göttin, von dem Priester geleitet, durch die Lande. Ueberall ward sie mit Ehrfurcht empfangen; die Waffen ruhten, jeder Streit schlief, und heitere Feste wurden gefeiert, wo sie vorbeikam. War aber die Göttin des Verkehrs mit den Menschen müde, so wendete sich der Zug rückwärts. In einem geheimnisvollen See wurden der Wagen, die Tücher und die Göttin selbst gebadet, um dann ihrem Heiligtum wiedergegeben zu werden. Die Sklaven, die dabei Dienste gethan, wurden in dem See ertränkt.

Die Istwäonen, die Völker zwischen Rhein und Weser, nannten als ihren Stammvater den Istw. Der Name ist bisher nicht sicher gedeutet, und es läßt sich daher nicht entscheiden, ob wir darin den Beinamen einer uns bekannten Gottheit zu sehen haben. Das Stammesheiligtum der Istwäonen war ein Tempel der Göttin Tanfana bei den Marsen, die zwischen Ruhr und Lippe wohnten. Im Jahre 14 nach Chr. wurde hier ein Herbstfest gefeiert; da überfiel Germanicus in einer sternenhellen Nacht die schlummernden Festgenossen, er vernichtete fast das ganze Volk der Marsen, und den Tempel der Göttin machte er dem Erdboden gleich.

Schon früh wurden bei den rheinischen Deutschen alle anderen Götter in den Schatten gedrängt durch Wodan, der, wie sein Name lehrt, ursprünglich der Gott des Windes war. Die Erinnerung an ihn lebt noch heute fort in den Sagen von Wode, dem wilden Jäger. Wie das Volk noch heut, so dachten schon unsere Vorväter sich den Gott als einen großen, graubärtigen Mann in weitem Mantel, einen breiten Schlapphut auf dem Kopfe. Auf schnellem Roß durcheilte er die Lüfte, unaufhaltsam war seine Fahrt, mitgerissen ward, was sich ihm entgegenstellte. In seinem Gefolge ritten gespenstische Männer und Frauen: einem gewaltigen Windstoß folgen viele kleinere, und die Wolken jagen mit ihm am Himmel dahin. In Wind und Wolken aber, so meinte man, lebten die Seelen der Verstorbenen, und daher galt Wodan auch als Seelenführer, als Totengott. Als Wind- und Totengott kannten ihn von Alters her alle Germanen, alle haben auch wohl einst den lateinischen Dies Mercurii durch Wodanstag, das englische Wednesday, ersetzt. Bei den rheinanwohnenden Germanen aber wurde der Machtbereich des Gottes mehr und mehr ausgedehnt. Tacitus schon nennt ihn den höchsten Gott der Deutschen, d. h. doch wohl der Deutschen am Rhein, mit denen die Römer hauptsächlich in Berührung kamen. Erfindungen und Verkehr, Straßen und Märkte wurden ihm unterstellt, über Zauber und Heilkunst waltete er. Der Windgott wurde zum Kulturgott in den Gegenden, wo zuerst Einflüsse von Gallien und Rom her sich geltend machen konnten. Als der höchste Gott germanischer Stämme übernahm er auch das Amt des Kriegsgottes.

Noch viele andere Gottheiten genossen die Verehrung unserer Vorfahren. Die Vandilier, die Stämme östlich der Elbe, riefen ein göttliches Brüderpaar, die Alci, an. Überall war der rotbärtige Donar bekannt als Gott des Donners und Bekämpfer der Unholde; wenn die Deutschen in die Schlacht zogen, so besangen sie ihn in Preisliedern als den ersten aller tapfern Männer. Alle aber mußten

IDISE

sie zurücktreten gegenüber dem neuen Gotte der rheinischen Stämme, als der Wodansdienst sich in ganz Deutschland ausbreitete, als Wodan wie im Siegeszuge durch alle deutschen Gaue fuhr, den alten Himmelsgott Tiw entthronte und alle anderen Götter sich unterwarf.

Im vollen Glanz seiner neuen Würde zeigt den Wodan eine schöne Sage der irminonischen Langobarden. In Skandinavien lebte einst das kleine Volk der Winniler. Die Herzöge der Wandalen verlangten von ihm, daß es ihnen Zins zahle oder mit ihnen kämpfe. So kam es zu einem Kriege. Die Herzöge der Wandalen baten Wodan, daß er ihnen Sieg verleihe über die Winniler. Wodan aber antwortete: Die ich bei Sonnenaufgang zuerst sehen werde, denen will ich Sieg geben. Zur selben Zeit gingen die Fürsten der Winniler zu Frea oder Frija, Wodans Frau, und baten sie, daß sie den Winnilern helfe. Da gab Frea den Rat, wenn die Sonne aufgehe, sollten die Winnilerfrauen mit ihren Männern kommen und ihr langes Haar wie einen Bart ins Gesicht hängen lassen. Als nun der Himmel hell wurde und die Sonne aufgehen wollte, ging Frea um das Bett, wo ihr Mann lag, richtete sein Antlitz gegen Morgen und weckte ihn auf. Als er nun ans Fenster trat, erblickte er die Winniler und ihre Frauen, denen das Haar um das Gesicht hing. Und er sprach: Wer sind diese Langbärte? Da sagte Frea zu Wodan: Herr, du hast ihnen den Namen gegeben, so gieb ihnen nun auch den Sieg. Wodan gab ihnen den Sieg, und seit der Zeit heißen die Winniler Langobarden.

Dem Kriegsgotte Wodan waren göttliche Gehilfinnen beigegeben, die man in Deutschland Idise, in England und den skandinavischen Ländern Walkyrien nannte. Die Vorstellung von diesen Schlachtjungfrauen mag zurückgehen einmal auf die gespenstischen Reiterinnen im Gefolge des Windgottes, dann aber auch auf menschliche Frauen, die in den Kriegen Seite an Seite mit den Männern fochten. Römische Schriftsteller wissen zu erzählen, daß auf den Schlachtfeldern, die Kämpfe gegen Germanen gesehen hatten, sich auch weibliche Leichen fanden, und der Kaiser Aurelian führte bei seinem Triumphzuge zehn gotische Amazonen auf. Über das Wesen der germanischen Frauen belehren uns ihre Namen; denn der Name, den die Eltern bei der Geburt dem Kinde gaben, deutet die Eigenschaften an, die sie an dem Erwachsenen zu sehen wünschten. Auf das Schöne und Anmutige, auf Liebe und Treue geht ein Teil der alten Frauennamen, ein anderer aber weist auf kriegerische Tugenden: Chlotilde ist die berühmte Kämpferin, Siglint, Sighilt, Sigidrud die siegreiche Kämpferin, und in anderen Namen wie Hildegund und Haduwig erscheint die Bezeichnung für Kampf doppelt. Schön und treu also sollte die germanische Frau sein, aber in der Stunde der Not sollte sie auch einmal rauhere Tugend zeigen und mit dem Schwert die Ihrigen schützen. Diese Seite des germanischen Frauenideals warf einen hellen Abglanz auf Wodans Dienerinnen. Wie der Germane seine Frauen wünschte, so stattete er die Walkyrien aus. Sie wurden schnell zu Lieblingsgestalten der alten Poesie.

Ihr Thun wird geschildert in dem ersten der Merseburger Zaubersprüche. Ein Krieger, der hinter der Schlacht-

WODAN HEILT BALDERS PFERD

reihe der Feinde gefesselt liegt, ist darin der Sprecher. Der Spruch hebt an mit einer kleinen mythischen Erzählung, die die Idise in voller Thätigkeit zeigt. In drei Haufen sind sie geteilt, deren jeder drei Mädchen zählen mochte. Die einen fesseln die Gefangenen des Heeres, dem sie beistehen, die anderen hemmen die feindlichen Schaaren, die dritten lösen die Fesseln befreundeter Gefangener. Das thun sie mit dem Satze: Entspringe den Banden, entfahre den Feinden. Der Gefangene, der sich des Spruches bedient, hofft, daß auch er durch die Zauberformel, deren Gewicht durch die vorausgeschickte Erzählung erhöht wird, seine Fessel wird sprengen, den Feinden wird entfahren können.

Gewöhnlich dachte man sich die Walkyrien zu Rosse sitzend. Auf Wodans Befehl ritten sie aus, mit lautem Schalle sprengten sie über Hügel und Ebene dahin. In der Schlacht lenkten sie die Entscheidung, verliehen Sieg oder Unsieg und kürten, wie ihr Name sagt, die Wal, d. i. die Gesamtheit der Krieger, die im Kampfe fallen sollten.

Der Kulturgott Wodan wurde angesehen als der Erfinder der Künste. Die beiden Künste aber, die dem Germanen als die höchsten erschienen, waren der Zauber und die Dichtkunst. Beide sind stets innig vereint: denn jeder Zauberspruch ist in Liedform abgefaßt, der Zauber wird geübt durch das Zauberlied.

Als Meister des Zaubers sehen wir Wodan in dem zweiten der Merseburger Zaubersprüche. Die kleine Dichtung zeigt, daß es den Deutschen auch an Göttinnen nicht gefehlt hat. Darin erscheint neben der Sonnengöttin Sunna ihre Schwester Sinthgunt, die Wegerkämpferin, die wohl gleichfalls ein Abbild der Sonne ist. Eine Sonnengöttin mag auch Frija gewesen sein, die ursprünglich die Gattin des Himmelsgottes Tiw war, dann aber in Wodans Besitz überging; nach ihr heißt noch heute der Freitag. Als Frijas Schwester wird Volla genannt, die Fülle, die die nordischen Dichter als Friggs Dienerin kennen.

Durch den zweiten Merseburger Zauberspruch will ein menschlicher Hexenmeister die Beinverrenkung eines Pferdes heilen. Mit leiser, flüsternder Stimme hebt er sein Lied an und erzählt zunächst eine Geschichte aus dem Götterleben. Einst ritt Wodan mit Balder ins Gehölz. Da ward dem Fohlen Balders der Fuß verrenkt. Sogleich waren die göttlichen Zauberinnen zur Stelle. Sunna und ihre Schwester Sinthgunt, Frija und ihre Schwester Volla besprachen singend den Schaden. Aber ihre Kunst versagte. Da trat der größte der Zauberer heran, Wodan, der es wohl verstand, und sagte den heilenden Spruch: Sei es Beinverrenkung, sei es Blutverrenkung, sei es Gliedverrenkung: Bein zu Beine, Blut zu Blute, Glied zu Glied, als ob sie geleimt wären. Der Spruch, der einst dem Götterrosse geholfen, soll nun auch die Verrenkung des irdischen Pferdes heilen. Wenn der Zauberer die Herstellung des Götterrosses durch Wodan erzählt, so mahnt er damit den Gott, auch hier zu helfen, zieht seine Zauberkraft gleichsam mit Gewalt auf die Erde hinab.

Durch den Zauber wollte man auf die Zukunft einwirken, durch die Weissagung suchte man ihr Dunkel zu durchdringen. Das gebräuchlichste Mittel, das Kommende zu erforschen, war die Losung. Bei Fragen, die nur eine

Losungen

einzelne Sippe angingen, wurde sie von dem Familienvater angestellt, handelte es sich um wichtige Staatsangelegenheiten, so vollzog sie der Priester des Stamms. Ein Opfer mochte vorangegangen sein. Alle Vorbereitungen waren getroffen. Von einem wilden Fruchtbaum, der Buche oder Eiche, waren Stäbchen geschnitten und mit geheimnisvollen Zeichen, den Runen, versehen. Unter den Runen hat man sich eine nicht mehr zu bestimmende Anzahl von Zeichen vorzustellen, die gewisse Begriffe ausdrückten. Vielleicht trugen sie die Namen der späteren Schreibrunen und umfaßten wie diese den ganzen Begriffskreis der ältesten Zeiten. Ein weißes Tuch wurde auf die Erde gebreitet, und Gebete murmelnd, die Augen fromm gen Himmel gerichtet, bückte sich der Losende dreimal und hob jedesmal ein einzelnes Stäbchen auf. Die darauf eingeritzten Runen ergaben den Lauf der zukünftigen Dinge. Die Rune, die den Namen des Kriegsgottes Ziu trug, mag Sieg, die mit dem Namen Not Unglück und böse Zeiten geweissagt haben. Aus den Worten oder Begriffen, die ihm die Stäbchen gaben, formte der Losende einen alliterierenden Orakelspruch, und diesen erst verkündete er den andächtig lauschenden Zuhörern. An die alte Losung erinnert noch mancher Ausdruck, der in späterer Zeit auf die Schreibrunen und die Buchstaben übertragen wurde. Wir sprechen heute von Buchstaben, ohne noch an das Buchenstäbchen mit eingeritzter Rune zu denken. Unser „Buch" bezeichnete in der Einzahl ursprünglich dasselbe, und nur die Mehrzahl hatte die Bedeutung Geschriebenes, Schriftstück und endlich auch Buch.

Doch die Losung allein genügte für gewöhnlich dem Germanen nicht; wenn auch das Los nicht falsch sein konnte, so mochte doch die Auslegung irren. Daher befragte man, um sicherer zu gehen, noch andere Orakel. Aus dem Blut der Opfertiere, das man in einen Kessel rinnen ließ, ersah man das Künftige. Auf das Erscheinen und die Stimme gewisser Vögel pflegte man zu achten: Die Eule und der Uhu galten für todverkündend, dagegen brachten Adler und Rabe, die Tiere des Schlachtfeldes, Heil und Sieg. Auch den Pferden traute man einen Blick in die Zukunft zu und lauschte forschend ihrem Gewieher.

So groß auch die Ehrfurcht der Germanen vor ihren Göttern war, so entwickelt sich doch schon früh die Vorstellung von einer Macht, die neben ihnen steht und sogar über ihnen waltet, die Vorstellung von dem Schicksal. Alle germanischen Stämme haben das gleiche Wort dafür: Die Deutschen nannten es Wurd, die Angelsachsen Wyrd, die Nordleute Urd. Bisweilen dachten sie sich das Schicksal noch unpersönlich; wo sie es als Wurd personifizierten, stellten sie es sich vor als eine ernste, strenge Frau, die spinnend und webend die Geschicke der Menschen und auch der Götter lenkte, die ihnen die Zeit der Geburt, aber auch die Stunde des Todes festsetzte.

Also selbst die Götter sind dem Schicksal unterworfen. Je mehr ihnen durch die Phantasie der Dichter an menschlichen Eigenschaften und Handlungen beigelegt wurde, desto mehr sanken sie auch zu blos menschlichen Wesen herab. Sie traten zu einer Familie zusammen, an deren Spitze Wodan stand, sobald er einmal die erste

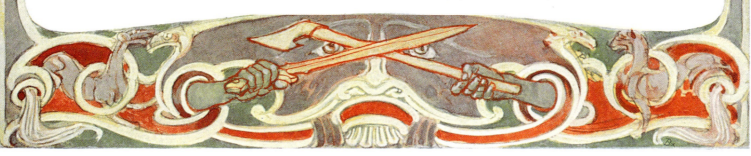

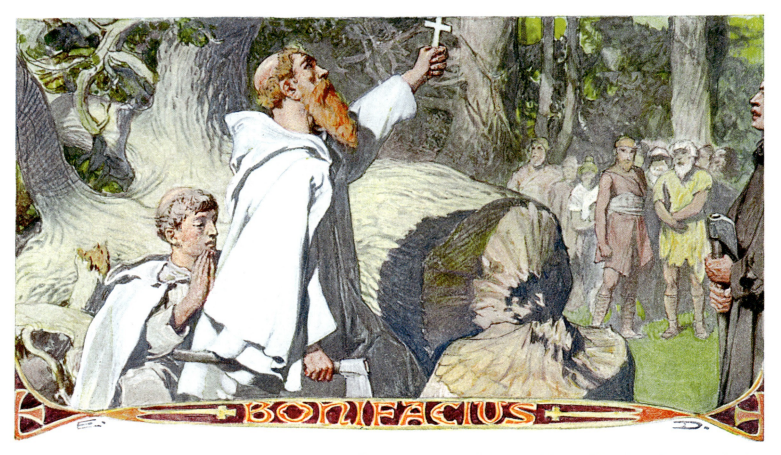

Stelle im Götterstaat errungen hatte. Man fragte nach ihrer Herkunft, nach den ersten Anfängen der Götter und der Welt, ja weiterblickende Geister faßten bereits den Gedanken, daß in ferner Zukunft die Götter und die Welt mit ihnen der Vernichtung verfallen möchten.

Wie nach der Anschauung der meisten andern Völker ging auch nach der der alten Deutschen ein Chaos der Schöpfung voraus. Da war nicht die Erde noch der Himmel darüber, kein heller Stern noch die Sonne schien, nicht leuchtete der Mond noch das weite Meer. Wie aus dem Chaos die Welt sich bildete, darüber giebt es in Deutschland keine Ueberlieferung. Als das erste der Wesen wird Tuisto genannt, der Sohn der Erde, der, wie sein Name besagt, noch beide Geschlechter in sich vereinigte. Von ihm stammte Mannus, der erste Mann, der Menschenvater oder Menschenerzeuger. Sein Name ist dem des indischen Manus nah verwandt, und wie an diesen die Sage von der Sintflut, der großen Flut, sich knüpfte, so darf man sich auch den Mannus als eine Art Noah denken. Seine Söhne aber sind Irmin, Ing, Istw, von denen die Volksverbände der Irminonen, Ingwäonen und Istwäonen ihre Herkunft ableiteten; in den beiden ersten haben wir bereits Beinamen hoher Götter erkannt. Daß die alten Deutschen auch bereits über die letzten Dinge nachgedacht haben, wird allerdings allein durch den Ausdruck Muspilli für Weltuntergang bezeugt.

Das Bild, das wir von dem Glauben und den Göttern der Südgermanen entwarfen, konnte bei der Spärlichkeit der Quellen nur matt und blaß ausfallen. Aber dennoch, wenn wir das Wenige überblicken, was von dem religiösen Leben unserer Altvordern auf uns gekommen ist, so können wir uns des Eindrucks nicht erwehren: Viel Schönes und Edles keimte hier, und wäre ihm die Zeit zum Wachsen und Reifen vergönnt gewesen, so wäre auf deutschem Boden ein herrlicher Baum germanischen Götterglaubens erwachsen. Aber auch hier mußte das Hohe dem Höheren weichen. Das Christentum wurde von frommen Mönchen nach Deutschland getragen und fegte schonungslos hinweg, was hier an Gottesvorstellungen Schönes erblüht war. Die alten Götter mußten fallen; ihre heiligen Haine, ihre Tempel und Bilder wurden von den Bekehrern vernichtet. Wenn ein Bonifacius die heilige Donnereiche bei Kassel fällte, so wußte er wohl, was er damit erreichen wollte. Indem er die Hand an den Baum legte, der als Symbol des Gottes galt, nahm er mit dem Gotte selbst den Kampf auf, und wenn es ihm gelang, den Baum zu stürzen, so zeigte er damit den Heiden recht augenscheinlich die Ohnmacht ihrer Götter, den Sieg des Christentums. Der Germane gab dem Andrängen der Bekehrer nach. Waffenlos nahte er dem Taufbecken, um seine alten Götter zu verleugnen. „Ich entsage allen Teufels-Werken und -Worten, dem Donar und Wodan und Saxnot und allen den Unholden, die ihre Genossen sind." So mußte der Täufling sprechen, wenn er sich schmerzvoll bewegt von den entthronten Göttern der Vorfahren abwandte, dem neuen Gotte zu, dessen Dienst er dann mit einer Treue und Innigkeit umfaßte wie kaum ein anderes Volk.

Hauptstück

Die spärlichen Reste des heidnischen Götterglaubens in Deutschland können wir nur mit dem schmerzlichen Gefühl der Armut betrachten, und sehnsüchtig schweift unser Auge hinüber nach dem skandinavischen Norden und seinem Reichtum an religiösen Überlieferungen. Hier hielt das Heidentum sich länger, und die Keime, die in Deutschland mit rauher Hand vernichtet wurden, hier konnten sie zu reicher Blüte gelangen. Begabte Dichter verliehen den Göttern und Göttinnen faßbarere, farbenprächtigere Gestalt. Zu den ältern, allen Germanen gemeinsamen Mythen traten neue, die der eigenartigen Natur des Nordens entsprungen sind. Die Gedanken über Anfang und Ende der Welt wurden weiter und bunter ausgesponnen. Freilich drang das Christentum nach langen Kämpfen ums Jahr 1000 auch in Skandinavien durch und brachte auch hier der heidnischen Dichtung den Tod. Anders aber war es auf Island. Hierher waren nach 870 die an Körper und Geist hervorragendsten Männer Norwegens ausgewandert, weil sie dem Harald Schönhaar nicht gehorsamen wollten, der alle die kleinen Königreiche von Norwegen unter seinem Szepter vereinigte. Auf der fernen Insel des Ozeans gründeten sie eine Republik, die nur klein blieb an Einwohnerzahl, aber desto höher sich erhob durch ihre Leistungen auf geistigem Gebiet. Was in Norwegen wie auf der Insel selbst an Göttersagen und Götterliedern entstanden war, das bewahrten die Isländer auch nach ihrem Übertritt zum Christentum in treuem Gedächtnis, bis sie zu Anfang des dreizehnten Jahrhunderts das teure Gut der Schrift anvertrauten. Die wertvollsten Quellen nordischen Götterglaubens sind die beiden Edden: die ältere Edda enthält eine Sammlung von Götterliedern, die jüngere Edda eine Darstellung der Göttersagen in Prosa.

Als höchster der Götter erscheint in den Edden Odin, der deutsche Wodan; aber das war im Norden nicht immer so. Wie wir gesehen haben, wurde der alte Wind- und Totengott bei den Rheingermanen zum Gotte der Kultur, des Krieges und zum Göttervater erhöht. Vom Rhein her breitete sich die Wodansverehrung in der neuen Form über einen großen Teil von Deutschland aus. Aber der Siegeszug des Gottes machte nicht vor dem Meere halt, auch nach dem Norden drang Wodan vor und unterwarf sich in den letzten Jahrhunderten des Heidentums die Götter des Landes. An der Erscheinung Odins, wie er uns in den nordischen Quellen entgegentritt, haben Südgermanen und Nordgermanen gleicherweise Anteil. In Deutschland ward die Gestalt des Gottes in allen wesentlichen Zügen geformt, doch erst nordische Dichter haben es verstanden, sein Bild in leuchtenden Farben auszuführen. Sie haben ihn uns hingestellt als das Ideal eines leiblich und geistig herrlich entwickelten germanischen Fürsten.

Asgard nannten die Nordleute das Land der Götter nach dem vornehmsten Göttergeschlecht, den Asen, und sie verlegten

ODIN MIMIR BEFRAGEND

es in den Himmel. Dort stand an hervorragender Stelle Hlidskialf, der Hochsitz Odins, mit Schnitzwerk und goldenem Zierat reich geschmückt. Auf diesem Stuhle nahm er Platz, wenn er hinabzuschauen begehrte auf die Erde und die Menschen da unten. Man stellte sich Odin vor als einen Mann in reiferem Alter, aber im Vollbesitz seiner Kräfte. Leicht angegraut war sein langer Bart, sein rechtes Auge fehlte. Eine schwere Rüstung deckte die breite Brust, ein glänzender Helm schmückte sein Haupt; seine furchtbare Waffe war der von kunstreichen Zwergen geschmiedete Speer Gungnir. Als Kriegsgott war er ferner kenntlich durch zwei Wölfe und zwei Raben, die ihn begleiteten; Wölfe und Raben sind die Tiere des Schlachtfeldes. Die beiden Wölfe hießen Geri, der Gierige, und Freki, der Grimme, die beiden Raben Hugin, der Gedanke, und Munin, das Gedächtnis. Die letzteren flogen auf Odins Geheiß hinaus in die Welt, um Kunde einzuziehen vom Thun und Treiben aller Wesen. Wenn sie heimkehrten, nahmen sie auf seiner Schulter Platz und flüsterten ihm ins Ohr, was sie erfahren hatten.

Wollte Odin einmal selbst die Erde besuchen, so bestieg er wohl in voller Rüstung seinen grauen, achtfüßigen Hengst Sleipnir, der ihn durch die Luft und über das Meer dahintrug. Lieber noch ging er freilich in Verkleidung hinab zu den Menschen; dann war er in einen weiten, blauen Mantel gehüllt, und sein breiter Hut war tief ins Gesicht gezogen, um das Fehlen des rechten Auges zu verbergen. Um unerkannt zu bleiben, bediente er sich einer ganzen Reihe von Decknamen, die doch zugleich den ganzen Umkreis seiner Macht und Thätigkeit umschrieben. Auf sein altes Amt als Gott des Windes gehen die Beinamen Widrir, der Wettermacher, Wafud, der Bewegliche, Geigud, der Schädiger. Auf seine Klugheit deuten Fiolswid, der Vielwissende, und Glapswid, der im Trug Erfahrene; als Herr des Zaubers durfte er sich Gondlir, den Walter der Zauberstäbe, nennen. Den Kriegsgott erkennen wir in seinen Beinamen Hertrit, der Heerfrohe, Hialmberi, der Helmträger, Atrid, der gewaltig Anreitende, Widur, der Sieger. Da er es liebte, die Welt zu durchstreifen, hieß er Gangrad, der Wanderer, und Widforul, der Weitfahrende. Seine Erscheinung schildern Namen mit der Bedeutung: Langbart, Graubart, Mantelträger, Langhut. Einmal nannte er sich, auf seine Verkleidung anspielend, Grimnir, den durch eine Larve Verhüllten.

Wenn Odin auf seinem Hochsitz im Himmel thront und auf die Erde hinabblickt, so ist das offenbar ein mythisches Bild; es ist die Sonne selbst, die vom Himmel auf die Erde schaut. Als Odin die andern Götter sich unterwarf, hatte er auch das Amt des alten Himmels- und Sonnengottes an sich gerissen. Als Sonnengott tritt er auf in seinem Verhältnis zu Mimir. Nur ein Auge ist dem Odin geblieben, die Sonne; das andere hat er weggegeben, verpfändet an den Wassergeist Mimir, es ist die Sonne, die sich im Wasser spiegelt. Das einfache Naturbild ist erweitert zu einem der tiefsinnigsten Mythen, die germanische Weisheit ersonnen hat. Dem Wasser, dem hellen, durchsichtigen Element, das in alle Tiefen eindringt, legten die Germanen schon früh übermenschliche Weisheit und Voraussicht bei. Sie dachten es sich persönlich als einen alle Geheimnisse durchdringenden, treusorgenden, den Göttern verbündeten Geist, den sie Mimir, d. h. den Denkenden, nannten. Nach dem Glauben der Nordleute hatte er seinen Sitz am Fuße des Weltbaums, der Esche Yggdrasill. An den Wurzeln des Baums entsprang der Quell Mimirs, der Urquell aller Gewässer, aber auch alles Wissens und aller Weisheit. Den Ursprung eines Flusses bezeichneten die Germanen als sein Haupt, und so wurde auch jener Quell am Fuße der Weltesche Mimirs Haupt genannt. Zu Mimir oder Mimirs Haupte mußte der Götterfürst wandern, wenn er tiefstes Wissen über Vergangenheit und Zukunft erwerben wollte. Doch nicht umsonst erhielt er, was er als Herrscher so sehr bedurfte, er mußte eins seiner Augen dem Wassergeiste als Lohn hingeben für seine Lehre. Jeden Morgen aber, wenn die Sonne den Quell traf, trank Mimir Met aus Odins Pfande, oder — nach einer andern Auffassung des Naturbildes — er begoß den heiligen Baum in feuchtem Gusse aus Schlachtenvaters verpfändetem Auge. Wenn auch Odin dem Wassergeist seine Lehre teuer bezahlen mußte, so grollte er ihm dennoch nicht; bei den Dichtern wird er oft Mimirs Freund genannt. Und mußten sie nicht treu zusammenhalten, der

Odin am Weltbaum hängend

Gott des Himmels und der der Gewässer? Nur wenn Regen und Sonnenschein treulich zusammenwirkten, um die Weltesche zu beleben und zu erquicken, konnte der heilige Baum, konnte das Weltall, dessen Sinnbild er ist, bestehen und gedeihen.

Der Mythus von Mimir lehrt, wie der Götterfürst Odin die Weisheit erwarb, durch die er die Welt erhielt und leitete. Wie er in früher Jugend die Klugheit gewann, durch die er als Herrscher im Reiche des Geistes sich über seine Mitgötter erhob, davon giebt der Mythus von Odin am Weltbaum Kunde. Kaum ein anderer Mythus ist so schwer zu deuten wie dieser. In dem Odin, der in der Weltesche hängt, darf man den Gott des Windes vermuten, der sich im Laub und Gezweig des gewaltigen Baumes verfangen hat. Das Hängen im Baum wurde später als ein Erhängtsein gefaßt, in Anlehnung an die alte Sitte, die Kriegsgefangenen als Opfer für den Gott an Bäumen aufzuknüpfen.

In frühem Jünglingsalter muß Odin von einer feindlichen Macht überwunden und zu dem Schicksal der Kriegsgefangenen verdammt worden sein. Am windbewegten Weltbaum ward er aufgehängt und durch einen Speerstich dem Kriegsgott, d. h. sich selber geweiht. Neun Nächte hindurch hing er an dem mächtigen Baum, kein Methorn noch Brot reichte man ihm zur Labung; er aber spähte forschend zur Erde. In der schrecklichen Not raffte der Gott alle geistigen Kräfte zusammen, und, laut aufschreiend vor Schmerz, erfand er die Runen, die ihn sofort befreiten. Der Jüngling gedieh nun zum herrlichen Manne, die Worte der Weisheit flossen ihm zu, ein Werk reifer Götterkraft folgte dem andern. Und all dies ward erreicht durch die Erfindung der Runen.

Diese Runen sind den Zauberzeichen, deren man sich zur Zeit des Tacitus bei der Losung bediente, nicht gleichzusetzen. Um 200 nach Christi Geburt war von einem Südgermanen nach dem Vorbilde der lateinischen Buchstaben ein Runenalphabet erfunden worden. Es wurde auch nach dem Norden hinübergebracht und hüben wie drüben zu Inschriften auf Stein und Metall verwertet. Außerdem traten die neuen Runen an die Stelle der alten Zauberzeichen und wurden wie sie zu Losung und Zauber benutzt. Man ritzte sie auf Stäbchen, die, auf ein Tuch geworfen, untrügliche Orakel gewährten. Man grub sie auf Waffen ein und glaubte sich damit des Sieges zu versichern; auf dem Trinkhorn angebracht, schützten sie als Bierrunen vor vergiftetem Trank; auf den Steven und das Steuer des Schiffs, auf die Ruder brannte man sie ein, um dem Dräuen der Brandung zu entgehen. Um einen Kranken zu heilen, schnitt man Astrunen in die Borke der Zweige, die nach Osten schauten. Mit Rederunen wollte man den Zorn eines gekränkten Gegners besänftigen; Denkrunen sollten den Witz des Mannes im Redekampf stärken. Alles geistige Wissen und Können führte man zurück auf die Kunst des Runenritzens. Diese Kunst aber legte man in höchster Vollendung dem Gotte bei, der als Vertreter aller höheren Kultur galt. Wenn Odin am Weltbaum die Runen erfindet, heißt das soviel als: Er erwarb alle die geistige Vollkommenheit, die ihn zum Herrscherthron im Götterreich emporführte.

Die Weisheit, die Odin erworben hatte, erprobte er einst im Wettstreit des Wissens mit dem vielklugen Riesen Wafthrudnir. Als ein Wanderer trat er in des Gegners Thür und forderte ihn auf, sein Wissen zu zeigen. Zornig fuhr der Riese auf, maß den kleinen Mann mit den Augen und bedrohte ihn mit dem Tode, falls er sich nicht als der Klügere erweise. Odin nannte sich Gangrad, d. i. den Wanderer, und erinnerte bescheiden den Riesen an die Pflichten des Wirts. Jedoch nahm er vorläufig eine Einladung zum Sitzen noch nicht an, sondern gab, auf dem Estrich stehend, sichern Bescheid auf die Fragen Wafthrudnirs. Aus seinen Antworten erkannte der Riese, daß er es mit einem gleichen Gegner zu thun habe; er bot ihm daher einen Platz auf dem Hochsitz und eine billige Wette: Wer unterliege im Wissensstreit, solle das Haupt verwirkt haben. Das war es, was Odin wollte, und nun war er an der Reihe zu fragen. Er fragte nach der Erschaffung der Welt, nach den ältesten Riesen und nach dem Aufenthalt derer, die auf der Walstatt fielen. Ohne Zögern erfolgte jedesmal des Riesen Antwort, und Odin konnte ihm seine Bewunderung nicht versagen. Aber immer schwerer wurden die Fragen, von der Vergangenheit und Gegenwart sprang Odin über zur fernen Zukunft. Nach dem Untergang der Welt

fragte er und nach der neuen Welt, die danach erstehen soll; doch noch immer war das Wissen des Riesen nicht erschöpft. Da spielte der Gott seinen letzten Trumpf aus: Was sagte Odin dem Baldr ins Ohr, bevor man diesen auf den Holzstoß hob? Nun war die Weisheit des Riesen zu Ende; jenes geheimnisvolle Wort, das Odin dem ermordeten Sohne ins Ohr geflüstert hatte, kannte nur der Gott allein. Wafthrudnir mußte jetzt einsehen, mit wem er thöricht eine Wette gewagt hatte: sein Haupt war verloren.

Mit den Runen ist eng verknüpft das Zauberlied; oft wird das geritzte Runenzeichen erst durch das Lied recht wirksam. Auch für das Zauberlied ist Odin Erfinder und Lehrer. In einem Gedichte der Edda rühmt er sich, Sprüche zu kennen, um Krankheiten zu heilen, um das Schwert des Gegners abzustumpfen, um Fesseln von Händen und Füßen zu lösen, dem Pfeil im Fluge halt zu gebieten, Runenzauber unschädlich zu machen. Den Brand im Hause, den Wind auf dem Meere, den Haß in der Heldenbrust kann er durch Lieder besänftigen. Wenn er seinen Zaubersang in den Schild singt, kehren seine Freunde unversehrt aus dem Treffen heim. Er kann den Toten am Galgen beleben, den jungen Helden unverwundbar machen, Göttern und Menschen Kraft, Tüchtigkeit und Weisheit verleihen.

Wie die Zauberlieder verdankte die Menschheit dem Odin auch die Kunst des Gesanges überhaupt. Die Gabe der Dichtung wurde sinnbildlich dargestellt durch den Trank, der Odrerir, d. i. der den Geist anregende, genannt ward. Dieser Trank befand sich ursprünglich in der Gewalt der Riesen; schon den rohen, ersten Geschöpfen der Welt ist die Gabe der Dichtkunst nicht ganz fremd. Aber erst wenn sie in die Hände der Götter kommt, kann sie zu rechter Blüte gelangen. Suttung heißt der Besitzer des Tranks, er läßt ihn behüten durch seine Tochter, das schöne Riesenmädchen Gunnlod. In verstellter Gestalt macht sich Odin auf den Weg, um das köstliche Gut zu erwerben. Der Bohrer Rati muß den Felsen zernagen, der die Behausung des Riesen vor ihm verschließt. Dann tritt er in die Halle, die von steilen Felswänden eingefaßt ist. Er nennt sich Havi, d. i. den Hohen; mit trügerischem Wort besiegt er das Mißtrauen der Riesen und gewinnt die Liebe der Gunnlod. Ein Bündnis wird geschlossen und mit heiligem Eide beschworen. Auf goldenem Stuhle nimmt Odin Platz, und Gunnlod, die minnige Braut, bietet ihm ein Horn, gefüllt mit dem trefflichen Met der Dichtung. Daran schließt sich die Hochzeitsfeier in Suttungs Sälen. Doch schon in der Hochzeitsnacht entflieht Odin, nachdem er die Gefäße mit dem Dichtermet ganz ausgetrunken. So sehr hat er Gunnlod bethört, daß sie dem Treulosen noch behilflich ist zur Flucht ins Götterheim. In Adlergestalt entflieht er, aber Suttung, der seinen Aufflug bemerkt hat, verwandelt sich gleichfalls in einen Adler und verfolgt den Flüchtling. Nur mit genauer Not gelingt es Odin zu entkommen und den Met in die Gefäße zu speien, die die Götter in ihrem Gehöft dafür aufgestellt hatten. So ist denn der Dichtermet heraufgekommen in die Wohnung des Weltenherrn, und Götter und Menschen, denen Odin davon beschert, empfangen dadurch die Gabe der Dichtkunst. Im Riesenlande aber kommen des Suttung Verwandte am Morgen nach der Hochzeit, um sich nach dem jungen Paare zu erkundigen. Sie vernehmen den Trug des Gottes, und auf die Frage, ob Suttung den Übelthäter wenigstens erreicht und bestraft habe, empfangen sie betrübende Antwort.

Der schöne Mythus war bei den nordischen Dichtern und Erzählern sehr beliebt und wurde von ihnen durch eine Vorgeschichte des Dichtermets erweitert, die allerdings als Kunstwerk nicht sehr hoch steht. Die Asen hatten einst eine Fehde mit dem Göttergeschlecht der Wanen. Als sie Frieden schlossen, gingen beide Parteien zu einem Gefäß und spieen hinein; aus dem Speichel schufen sie einen Mann, der Kwasir hieß und so klug war, daß er für alle Dinge Rat wußte. Einstmals kam er zu den bösen Zwergen Fialar und Galar; diese lockten ihn zu einer geheimen Unterredung und töteten ihn. Sie ließen sein Blut in zwei Krüge und einen Kessel rinnen; dann mischten sie es mit Honig, und jeder, der davon trank, ward ein Dichter oder Weiser. Den Asen sagten sie, Kwasir sei an seiner eignen Klugheit erstickt. Einige Zeit danach luden die beiden tückischen Zwerge den Riesen Gilling zu sich ein und forderten ihn auf, mit ihnen auf die See hinauszufahren. Sie ruderten dahin, wo eine Brandung war, und warfen das Boot um, so daß Gilling, der nicht schwimmen konnte, ertrank. Als Gillings Sohn Suttung das erfuhr, machte er sich auf, den Vater zu rächen. Er griff die Zwerge und brachte sie nach einer Klippe, die zur Flutzeit von Wasser bedeckt war; hier sollten sie ertrinken wie der Riese Gilling.

Sie aber baten flehentlich um ihr Leben und boten den Met als Vaterbuße. Das nahm Suttung an, und so kam der Dichtermet in seinen Besitz.

Mit den Befugnissen eines Gottes aller höheren Kultur vereinigte Odin das Amt des Kriegsgottes. Während im wilden Kampfgetümmel Tyr, der deutsche Tiw oder Ziu waltete, lenkte er weise das Geschick der Helden und Könige und gab die Entscheidung in der Schlacht. Oft nahm er sich schon des jugendlichen Helden an und unterwies ihn in den Künsten des Krieges. Er hatte die altgermanische, die keilförmige Schlachtordnung erfunden und lehrte sie seine Lieblinge. Ihnen verlieh er den Sieg und ließ ihre Feinde im Kampfe fallen.

Von der Erziehung eines jungen Helden durch Odin berichtet das Grimnirlied der Edda. König Hraudung hatte zwei Söhne, Agnar und Geirrod. Agnar war zehn, Geirrod acht Winter alt. Als sie einst mit ihrem Angelgerät in einem kleinen Boote auf den Fischfang fuhren, wurden sie auf das Meer hinausgetrieben. Im Dunkel der Nacht erlitten sie Schiffbruch, retteten sich ans Land und kamen in die Wohnung eines Kleinbauern. Die Bäuerin erzog Agnar, aber der Bauer nahm sich Geirrods an und lehrte ihn kluge Ratschläge. Im Frühjahr gab der Bauer den Knaben ein Schiff zur Heimreise; als er sie mit seiner Frau an den Strand geleitete, sprach er noch einmal insgeheim mit Geirrod. Die Königssöhne hatten guten Fahrwind und kamen bald zur Küste ihrer Heimat. Geirrod war vorn im Schiffe, er sprang ans Land, stieß das Schiff hinaus in die See und rief seinem Bruder zu: Fahre nun hin in die Gewalt der Unholde. Das Schiff trieb hinaus ins Meer, Geirrod aber ging hinauf ins Königsgehöft. Er wurde freudig empfangen, und da sein Vater gerade gestorben war, wurde er zum König erhoben. Der Bauer und sein Weib waren Odin und Frigg gewesen.

Die beiden Götter saßen einst auf dem Hochsitz Hlidskialf und blickten hinab auf alle Welten. Da sprach Odin: Siehst du Agnar, deinen Pflegling, wie er in einer Höhle sitzt als Gemahl eines Riesenweibes? Mein Pflegling Geirrod aber ist ein König und herrscht jetzt in seinem Lande. Frigg antwortete: Er ist so karg mit der Kost, daß er seine Gäste hungern läßt, wenn ihm dünkt, daß ihrer zu viele kommen. Odin erklärte das für die größte Lüge und sie wetteten deswegen. Frigg schickte ihr Kammermädchen Fulla zu Geirrod und ließ ihm sagen, er möge sich vor einem Zauberer in acht nehmen, der eben in sein Land gekommen sei; daran könne er ihn erkennen, daß kein Hund, und sei er auch noch so bissig, gegen ihn anspringen wolle. Nun war Geirrod keineswegs karg mit der Kost, aber doch ließ er den Mann ergreifen, den die Hunde nicht anfallen wollten. Er war in einen blauen Mantel gehüllt und nannte sich Grimnir, d. h. den Verhüllten, verweigerte aber jede weitere Auskunft. Um ihn zum Reden zu bringen, ließ ihn der König zwischen zwei Feuer setzen, und da saß er acht Tage lang, ohne sein Schweigen zu brechen. Der zehnjährige Sohn des Königs, der nach seinem Oheim Agnar hieß, hatte Mitleid mit dem Gequälten; er brachte ihm ein Trinkhorn mit Met und sagte, der König thue Unrecht, da er ihn, den Schuldlosen, peinigen lasse. Schon fing der Mantel des Gottes Feuer, da begann er ein Lied zu sprechen: Er beklagt sich über die Qualen des Feuers und begrüßt Agnar als den künftigen Fürsten des Landes. Dann erzählt er vom Lande der Götter und den Gehöften, in denen sie hausen. Er entwirft ein prächtiges Bild von dem Saale Odins, von Walhall und dem Leben und Treiben darin. Er nennt sich mit den Namen, die er auf seinen Fahrten bei Riesen und Menschen sich beigelegt hatte, aber immer noch versteht Geirrod nicht, wen er vor sich hat. Nun ist der Zorn des Gottes aufs Höchste gestiegen. Mit heftigem Wort schilt er den trunkenen Geirrod, der seine Lehren so wenig genutzt habe; er verkündet ihm den Tod durch das eigne Schwert und giebt sich mit seinem wahren Namen zu erkennen. Damit verschwand der Gott. Während Geirrod auf seine Rede hörte, hatte er ein Schwert auf den Knieen, das zur Hälfte aus der Scheide gezogen war. Bei dem Namen Odin wollte er aufspringen, um den Gott zu befreien. Dabei glitt das Schwert mit dem Knauf zur Erde, der König stolperte und fand durch seine eigne Waffe den Tod, wie Odin ihm verheißen. Agnar wurde König.

Keinem Helden erwies sich Odin so hold wie Sigurd, dem deutschen Sigfrid. Schon seine Vorfahren, die Wolsungen hatte er unter seinen mächtigen Schutz genommen, ja, er galt selber als der Urheber des Geschlechts. Wolsung hatte zehn kräftige Söhne und

entgegen, welcher in der vordersten Reihe focht, und hob den Speer gegen ihn empor; und als Sigmund kräftig zuschlug, traf das Schwert den Speer und zersprang in zwei Stücke. Damit wich das Glück von dem König, seine Mannen unterlagen, und er selber fiel in der Schlacht. Den Todwunden suchte die Gattin auf dem Schlachtfelde auf. Dem Rufe Odins gehorsam, wies er ihre Absicht, ihn zu heilen, zurück und übergab ihr die Bruchstücke des Schwertes, damit sie daraus für den Sohn, den sie unter dem Herzen trug, ein neues schmieden lasse.

Sigrlinn heiratete später den Sohn des Dänenkönigs, und am dänischen Königshof wurde Sigurd, Sigmunds Sohn, erzogen unter der Obhut des tückischen Zwerges Regin, der viele Künste verstand, insonderheit aber im Schmiedehandwerk wohl erfahren war. Auf Regins Rat bat er seinen Stiefvater um ein Roß. Dieser gewährte ihm gern die Bitte und erlaubte ihm, sich selbst das Roß auszusuchen, das ihm am besten zusage. In dem Walde, wo die Rosse weideten, traf Sigurd einen alten Mann mit langem Bart. Der gab ihm den Rat, die Rosse in den nahen Strom zu treiben und dasjenige zu wählen, das sich nicht ängstlich dem Ufer wieder zuwenden würde. Sigurd that, wie ihm geheißen war, und so erlangte er den Hengst Grani, der von Sleipnir herstammte, dem achtfüßigen Rosse des Göttervaters. Odin selbst hatte dem jungen Helden zu dem herrlichsten Rosse verholfen. Später zwang Sigurd Regin, ihm aus den Bruchstücken von seines Vaters Schwert ein neues zu schmieden. Es wurde ein herrliches Kunstwerk. Denn der junge Held vermochte den Ambos damit zu durchschlagen, und als er im Strom eine Wollflocke dagegen anschwimmen ließ, wurde sie säuberlich in zwei Teile zerschnitten.

eine Tochter Signy. Er ließ sich eine stattliche Halle erbauen; mitten darin stand eine mächtige Eiche, deren Zweige in frischem Grün über das Dach des Hauses hinausragten. Hier feierte man die Vermählung der Signy mit König Siggeir von Gautland. In der Halle waren große Feuer entzündet, und auf den Bänken zu beiden Seiten saßen die Gäste, schmausend und trinkend. Da trat ein unbekannter Mann in die Halle. Er war mit einem langen Mantel angethan, und sein Hut war tief ins Gesicht gezogen, so daß man kaum bemerkte, daß er einäugig war. Er trug ein Schwert in der Hand; das stieß er in den Eichstamm, daß es bis ins Heft hineinfuhr. Allen Männern versagte die Stimme, diesen Mann zu begrüßen; er aber sprach: Wer dieses Schwert aus dem Stamme zieht, der soll es von mir als Geschenk empfangen; und er wird finden, daß er niemals ein besseres Schwert in der Hand trug, als dieses ist. Hierauf verließ der alte Mann die Halle. Jeder drängte sich nun heran, um zuerst seine Kraft zu erproben, aber das Schwert rührte sich nicht. Da trat Sigmund hinzu, König Wolsungs Sohn, ergriff das Schwert und zog es aus dem Stamme, als wenn es los daläge vor ihm.

Auf seinen Heeresfahrten hatte Sigmund reiche Gelegenheit, das Schwert Odins zu prüfen. Nie versagte es ihm, und wo er sich in einen Kampf einließ, da gewährte ihm Odin den Sieg. Nach einem ruhmvollen Heldenleben ward Sigmund durch den Gott selbst von der Erde abgerufen. Eben noch hatte er, der schon alternde Mann, die Hand der Sigrlinn gewonnen und war mit seiner Gattin heimgezogen in sein Reich. Da erschien ein abgewiesener Bewerber der Sigrlinn mit einem großen Heer und forderte Sigmund zur Schlacht heraus. Nur klein war die Schar, die der König in der Eile zusammenziehen konnte, aber gleichwohl blieb der Kampf unentschieden, bis sich ein Mann in blauem Mantel zeigte, der einen Speer in der Hand trug. Dieser Mann trat dem König Sigmund

Odin als Hnikar

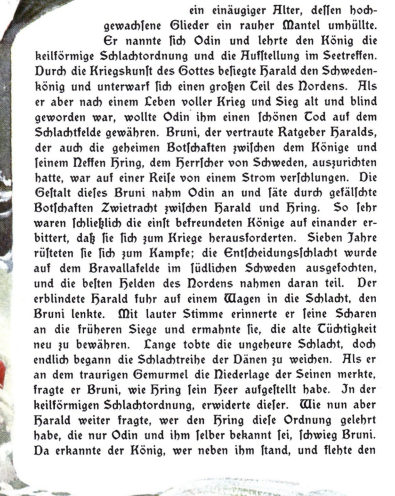

Nachdem er in den Besitz einer tüchtigen Waffe gelangt war, beschloß Sigurd, seines Vaters Tod zu rächen. Sein Stiefvater rüstete ihm dazu ein Heer aus und viele prächtige Schiffe. Mit gutem Fahrwinde segelten sie ab, aber nach einigen Tagen kam Sturm und ein heftiges Unwetter auf. Als sie an einem Vorgebirge vorbeikamen, stand hoch oben ein alter Mann und fragte, wer über das Heervolk zu gebieten habe. Sigurd nannte seinen Namen und seine Herkunft. Da verlangte der Mann, daß man die Segel niederlasse und ihn aufnehme; Hnikar sei er geheißen. Die Seeleute lenkten ans Land und nahmen den Alten in ihr Schiff: da hörte das Wetter auf, und sie fuhren, bis sie in dem Reiche, wo Sigmunds Gegner herrschte, ans Land stiegen; nun verschwand Hnikar. Odin, der über Wind und Wetter gebietet, hatte seinen Schützling sicher ins Land seiner Feinde, zu seiner ersten Heldenthat geleitet.

Die Wolsungensage wie der Odinsdienst sind aus Deutschland nach dem Norden hinübergebracht. Vielleicht galt also auch südlich von den deutschen Meeren Odin bereits als der Schutzherr Sigmunds und Sigfrids. Im Norden wurden dann die meisten der Sagenhelden unter den Schutz des Göttervaters gestellt. So greift Odin mehrfach ein in das Schicksal des sagenhaften Dänenkönigs Harald Hildetand (Kriegszahn).

Er hatte dem jugendlichen König die Gabe verliehen, daß keine Waffe ihn verletzen könne, und dafür hatte ihm Harald die Seelen aller gelobt, die in seinen Schlachten fallen würden. Der Jüngling reifte zum kraftvollen Manne, und als er einst zu einem Heereszuge gegen die Schweden rüstete, erschien ihm ein einäugiger Alter, dessen hochgewachsene Glieder ein rauher Mantel umhüllte.

Er nannte sich Odin und lehrte den König die keilförmige Schlachtordnung und die Aufstellung im Seetreffen. Durch die Kriegskunst des Gottes besiegte Harald den Schwedenkönig und unterwarf sich einen großen Teil des Nordens. Als er aber nach einem Leben voller Krieg und Sieg alt und blind geworden war, wollte Odin ihm einen schönen Tod auf dem Schlachtfelde gewähren. Bruni, der vertraute Ratgeber Haralds, der auch die geheimen Botschaften zwischen dem Könige und seinem Neffen Hring, dem Herrscher von Schweden, auszurichten hatte, war auf einer Reise von einem Strom verschlungen. Die Gestalt dieses Bruni nahm Odin an und säte durch gefälschte Botschaften Zwietracht zwischen Harald und Hring. So sehr waren schließlich die einst befreundeten Könige auf einander erbittert, daß sie sich zum Kriege herausforderten. Sieben Jahre rüsteten sie sich zum Kampfe; die Entscheidungsschlacht wurde auf dem Bravallafelde im südlichen Schweden ausgefochten, und die besten Helden des Nordens nahmen daran teil. Der erblindete Harald fuhr auf einem Wagen in die Schlacht, den Bruni lenkte. Mit lauter Stimme erinnerte er seine Scharen an die früheren Siege und ermahnte sie, die alte Tüchtigkeit neu zu bewähren. Lange tobte die ungeheure Schlacht, doch endlich begann die Schlachtreihe der Dänen zu weichen. Als er an dem traurigen Gemurmel die Niederlage der Seinen merkte, fragte er Bruni, wie Hring sein Heer aufgestellt habe. In der keilförmigen Schlachtordnung, erwiderte dieser. Wie nun aber Harald weiter fragte, wer den Hring diese Ordnung gelehrt habe, die nur Odin und ihm selber bekannt sei, schwieg Bruni. Da erkannte der König, wer neben ihm stand, und flehte den

Walkyrien

Gott an, ihm auch diesmal den Sieg zu verleihen. Aber Odin hörte nicht auf seine Worte; er warf ihn aus dem Wagen, entriß dem Stürzenden die Keule und zerschmetterte ihm damit das Haupt. Da befahl König Hring, die Schlacht abzubrechen. Dem gefallenen Gegner aber rüstete er ein königliches Begräbnis.

War Odin nicht selbst bei einer Schlacht anwesend, so entsandte er seine Dienerinnen, die Walkyrien, dorthin. Auf das Kriegshandwerk deuteten schon die Namen, die ihnen beigelegt wurden. Hild und Gud bedeutet Kampf, Thrud Kraft, Skogul ist die Hochragende, Hrist die Speerschüttlerin, Geirolul die Gerträgerin. Durch die Lüfte ritten die Walkyrien dahin über Land und Meer nach dem Schlachtfelde, das ihnen der Gott angewiesen hatte. Kriegerische Rüstung deckte ihre jungfräulichen Glieder, und der Goldhelm schmückte ihr Haupt. Wenn ihre Rosse sich schüttelten, rann aus den Mähnen der befruchtende Tau auf die Erde. Stets erschienen sie in Gesellschaft zu neun oder zwölf. In der Schlacht lenkten sie nach Odins Gebot die Entscheidung und kürten die Männer, die im Kampfe fallen sollten. Ihre Thätigkeit wird im einzelnen nicht näher ausgemalt; nur von der einen, die Herfiotur, d. i. Heeresfessel, hieß, wissen wir, daß sie durch Erregung plötzlichen Schreckens die Gegner zurücktrieb. Nach der Schlacht geleiteten die Walkyrien die Waltoten hinauf zu Odins Saal Walhall, oder sie ritten ihnen voraus, um Odin die Kunde von der Ankunft neuer Gäste zu bringen.

In einem späten Liede werden die Walkyrien als Weberinnen des Schlachtgeschicks dargestellt. Menschendärme sind der Aufzug und Einschlag des Gewebes, Menschenhäupter hängen als Gewichte daran, blutbespritzte Speere dienen als Schäfte, ein Pfeil wird als Schiffchen durch den Aufzug geworfen. So weben sie ihrem Schützling Kriegsglück und den Feinden Verderben.

Odins Gehilfinnen waren meist göttlicher Art, doch traten auch Königstöchter in die Dienste des Schlachtengottes; in diesen halbgöttlichen Walkyrien haben die nordischen Dichter ihr Frauenideal ausgedrückt. Herbe Jungfräulichkeit, die die männerfeindlichen Mädchen bei Odin Dienste nehmen ließ, und unwandelbare, leidenschaftliche Liebe zu dem Manne, den sie einmal als den vortrefflichsten erkannt haben, sind die Hauptzüge dieser Gestalten. Unter ihnen ragt Brynhild, die Geliebte Sigurds, hoch empor.

In der Jugend ritt sie mit andern Walkyrien aus, um die Schlachten zu entscheiden und die Krieger zu küren, die hinaufreiten sollten in Odins Saal. Aber einst war sie ungehorsam und gab dem Könige den Sieg, der in der Schlacht fallen sollte. Da versenkte Odin sie auf einem Felsen in Schlaf und schloß ihre Wohnung mit wabernder Lohe ein; nur der furchtlose Held sollte sie erwecken dürfen, der den Drachen Fafnir besiegte. Als Sigurd erschien, sanken die Flammen; Brynhild erwachte und begrüßte den ihr vom Schicksal bestimmten Befreier und Bräutigam. Der tapferste Held, die schönste und klügste Jungfrau schwuren sich Treue für alle Zeit. — Doch bevor die Ehe vollzogen ward, kam Sigurd an Giukis Hof; er schloß Freundschaft mit den Söhnen des Fürsten, und von seiner Gattin empfing er einen Zaubertrank, durch den er Brynhild vergaß und alles, was er ihr gelobt hatte. Durch bösen Trug erwarb er Brynhild als Gattin für Giukis Sohn Gunnar, er selbst aber heiratete Gudrun, Giukis Tochter.

Durch einen Streit mit Gudrun erfuhr Brynhild, wie schmählich sie getäuscht war. Ihre Liebe zu Sigurd verwandelte sich in glühenden Haß: der Held, den sie einst so sehr geliebt hat, muß sterben. Ihren Gatten und ihre Schwäger reizte sie zum Morde, und Sigurd fiel durch den Verrat der Giukisöhne. Als aber der Durst nach Rache gestillt war, lebte die Liebe zu dem herrlichsten Helden, der einst ihr Verlobter war, in Brynhilds Herzen von neuem wieder auf. Sie tötete sich selbst, und ihr letzter Wunsch war, mit Sigurd den Scheiterhaufen teilen zu dürfen. Sie hoffte

wohl, mit dem toten Geliebten — als seine Walkyrie — emporzureiten und einzuziehen in Odins Saal.

Wie die Halle eines germanischen Fürsten dachte man sich Walhall erbaut. In weitem Kreise war sie von einem starken Zaune eingeschlossen. Walgrind, das Totengitter, dessen kunstvollen Verschluß kein Sterblicher öffnen konnte, führte hinein in das Gehöft des Gottes. Durch den Hain Glasir, dessen Blätter von Gold erglänzten, gelangte man zu Odins herrlicher Halle. Wolf und Adler, die Tiere des Schlachtfeldes, schmückten ihren Giebel. Kriegerisch war auch der Schmuck des Innern: Speere dienten als Sparren, mit Schilden war das Dach gedeckt, Brünnen waren über die Bänke gebreitet statt weichen Strohs. In der Mitte des Saals waren Feuer entzündet, und an den beiden Längswänden zogen sich die Bänke hin. Am Tage freilich lag die Halle öde und verlassen. Denn schon frühmorgens zogen die Waltoten, die man jetzt Einherier nannte, hinaus aufs freie Feld; sie kämpften mit einander und erlangten Sieg oder Tod wie einst auf der Erde. Wenn aber die Stunde des Mahles nahte, so erhoben sich die Gefallenen, und alle ritten nach Walhall heim. Dann nahm Odin auf dem Hochsitz Platz, der ihm in der Mitte der einen Längsbank errichtet war; auf den Schultern saßen ihm die Raben, zu seinen Füßen lagen die Wölfe Geri und Freki. Die Einherier aber verteilten sich auf die anderen Plätze. Sie nährten sich vom Fleische des Ebers Sährimnir, der täglich geschlachtet und verzehrt ward, aber doch am Abend immer wieder neu erstand. Ihr Getränk war der berauschende Met, der aus den nie versiegenden Eutern der Ziege Heidrun floß. Nur Odin trank Wein, und der genügte ihm, um Hunger und Durst zu stillen; mit dem Eberfleisch, das ihm vorgesetzt ward, fütterte er seine Wölfe. Beim Mahle hatten die Walkyrien die Helden zu bedienen; sie brachten den Einheriern den Met und reichten Odin das weingefüllte Horn.

Freudige Unruhe herrschte in Walhall, wenn die Ankunft eines ausgezeichneten Helden oder Königs zu erwarten war. Dann weckte Odin seine Tischgenossen schon früh am Morgen und hieß sie die Halle zum festlichen Empfange bereiten. Und wenn der König hineintrat, von Walkyrien geleitet, so befahl der Götterfürst einem der Seinen, den Ankömmling zu begrüßen und auf seinen Platz zu führen. Die Einherier erhoben sich von ihren Sitzen, um dem neuen Genossen zuzutrinken und ihn zu fragen, wie viele Helden er gefällt habe in seiner letzten Schlacht. Lauter äußerte sich dann die Lust des Mahls, und heller blitzte Odins Auge in froher Hoffnung. Denn nicht ohne Grund beherbergte er die Einherier in seinem Gehöft. Sie übten sich täglich im Waffenspiel und stärkten sich beim frohen Mahl, damit sie einst mit den Göttern in den Kampf ziehen können, wenn das Verderben herannaht, wenn alle Unholde kommen, die Götter zu vernichten und der schreckliche Fenriswolf gegen Odin anspringt.

Wahrlich, ein glanzvolles Bild ist es, das uns die nordischen Dichter von Odin entworfen haben! Im Jugendalter erfindet er die Runen, und durch die Runenkunde schwingt er sich empor auf den Thron im Götterreich. Er befreit — durch trügerische Mittel freilich — den Dichtermet aus der Gewalt der Riesen. Was er erlangt hat, das lehrt er Götter und Menschen: die Runen, die Dichtkunst, das Zauberlied. Er ist der Bringer aller geistigen Güter. Auch das Amt eines Sonnengotts, eines Kriegsgottes fällt ihm zu. Als Götterherrscher waltet er wie ein menschlicher Fürst seines Reiches. Eins seiner Augen giebt er hin für die höchste Weisheit, deren er so sehr bedarf, um seiner Herrschaft Dauer zu verleihen. Aus den Helden der Erde, deren Schicksal er leitet von ihrer Geburt bis zu ihrem Tode, zieht er sich treue Mannen heran und versammelt sie in Walhall, damit sie ihm einst helfen, sein Reich zu verteidigen, wenn die Mächte der Finsternis gegen ihn heranziehen.

doch an den Gott, der von alters her als Beschützer ihres Landes angesehen ward. In allen Fährden und Nöten riefen sie nach wie vor zu ihrem Gotte Thor, der mit dem deutschen Donnergott Donar Amt und Namen gemeinsam hat.

Thor war also von Haus aus Gewittergott. Man stellte sich ihn vor als einen kräftigen Mann mit rotem Bart.

Auf einem Wagen pflegte er dahinzufahren, den zwei Böcke, Tanngniost, der Zahnknisterer, und Tanngrisnir, der Zahnknirscher, zogen. Das Fahren des Wagens über die Wolken ist das mythische Bild des Donners, die springenden Böcke mögen den zackigen Weg des Blitzes andeuten. Thors Rock wurde über den Hüften von dem Stärkegürtel umspannt, der seine Götterkraft verdoppelte. An den Händen trug er Eisenhandschuhe, damit er um so fester den kurzen Griff seines Hammers Miolnir, des Zermalmers, umfassen konnte. Dieser Hammer war das größte Kleinod, eine Arbeit kunstreicher Zwerge; jedesmal traf er sein Ziel und kehrte dann von selbst in die Hand seines Besitzers zurück. Das Schleudern des Hammers ist wieder ein Bild des Gewitters, es hat Donner und Blitz zur Folge.

Weniger die furchtbare als die freundliche Seite des Gewitters war in Thor verkörpert. Mit Donner, Blitz und Gewitterregen wollte er die Erde nicht veröden, sondern segnen; er schickte auch das dem Landmann erwünschte Wetter; er war der Gott der Fruchtbarkeit und des Ackerbaus. Daher war er auch dem norwegischen Bauer, der mit saurer Mühe das für seinen Unterhalt nötige Getreide baute, ganz besonders ans Herz gewachsen. Thor galt ihm als der Landase, der Häuptling aller Götter, der Schützer Midgards, der Freund der Menschen.

Die alten Norweger waren ein Volk von Bauern; daher waren die Bestellung des Ackers, die Pflege des Viehs, der Fischfang ihre gewöhnlichen täglichen Arbeiten. Aber dabei liebten sie den Krieg wie alle Germanen. Wenn der Sohn des Bauern herangewachsen war und die Kampflust in ihm rege ward, trat er in die Hausmannschaft eines der kleinen norwegischen Könige ein und nahm teil an seinen Heereszügen. Nur selten blieb er sein Leben lang im Gefolge des Königs; meist kehrte er nach einer Reihe von Jahren zu den bäuerlichen Beschäftigungen zurück. Was er in der Halle des Fürsten und in seinen Schlachten erlebt hatte, pflegte er an den langen Winterabenden seinen Kindern und Knechten zu berichten. So blieb der kriegerische Sinn des Volkes stets lebendig; Erzählungen von Königen und Kämpfen fanden immer aufmerksame Zuhörer. Diese Stimmung kam auch dem Kriegsgott Odin zu gute; seine Gestalt wurde ausgestattet mit allen glänzenden Eigenschaften eines irdischen Fürsten, seine Walhall wurde ausgeschmückt nach dem Vorbilde einer irdischen Fürstenhalle.

Aber mochten auch die Norweger in ihren Dichtungen den weisen Herrscher und Schlachtenleiter Odin als den ersten aller Götter hinstellen; im Leben und im Gottesdienst hielten sie sich

Der Wettergott stand schirmend über allen Vorgängen des bäuerlichen Lebens. Er weihte die Ehe mit seinem Hammer. Seinem Schutz empfahlen die Eheleute gern ihre Kinder, indem sie ihnen mit Thor zusammengesetzte Namen wie Thorstein, Thorbiorn, Thorleif beilegten. Mit dem Hammerzeichen weihte man das Trinkhorn, bevor man es ansetzte. Kleine Thorhämmer trug man als Amulette, um sich gegen allerlei Gefahr zu sichern. Mit einem Bilde Thors schmückte man den Vordersteven des Schiffes, Thorbilder schnitzte man an den Säulen des Hochsitzes. Diese Säulen nahmen die Norweger, die nach Island auswanderten, mit sich auf die Schiffe und warfen sie ins Meer, wenn sie die Küste der Insel erblickten. Der Gott, dessen Bildnis auf ihnen angebracht war, sollte sie ans Land tragen und damit den Auswanderern die Stelle anweisen, wo sie die neue Heimat gründen sollten. Auch im Rechtsleben spielte Thor eine wichtige Rolle, denn das Thing, die feierliche Gerichtsversammlung, wurde am Donnerstag eröffnet. Selbst den Nachruhm der Toten sollte er schützen: auf Runensteinen, die dem Andenken Verstorbener gewidmet sind, findet man den Schlußsatz: Thor weihe diese Runen.

THOR DEN FLUSS WIMUR DURCHWATEND

Der Gott, der freundlich über jeden Vorgang im Leben der Nordleute wachte, mußte ihnen auch helfen im Kampfe gegen die Naturgewalten, die sich ihrer Arbeit feindlich entgegenstellten, die rauhen Felsen und die Bergbäche der norwegischen Heimat. Hochaufragende Berge mochten bei abendlicher Beleuchtung menschliche Formen annehmen; sie wurden von der Phantasie des Nordmanns als Riesen personifiziert. Thor aber übernahm die Bekämpfung dieser Unholde. Den zahlreichen Erzählungen von Thors Riesenkämpfen liegt in der Hauptsache dasselbe mythische Bild zu Grunde: das Gewitter im Hochgebirge, der Blitz, der in eine Felsenspitze fährt. Doch muß man sich hüten, jede Einzelheit dieser Geschichten mythisch deuten zu wollen. Der Norweger wünschte die Gestalt seines Lieblings durch viele kleine Züge möglichst deutlich herauszuarbeiten; er dachte gewiß nicht mehr bei jedem dieser Züge an einen Naturvorgang.

Eine Wanderung Thors ins Riesenland schildert die Sage vom Besuch des Gottes bei Geirrod. Loki hatte sich von dem Riesen Geirrod fangen lassen, und er konnte sein Leben nicht anders lösen als durch das Versprechen, daß er Thor ohne Hammer, Eisenhandschuhe und Kraftgürtel nach Geirrods Gehöft bringen wolle. Wirklich ließ sich Thor zu der Reise bereden. Unterwegs kehrte er bei der Riesin Grid, der Mutter des Gottes Widar, ein.

Sie warnte ihn vor Geirrod und gab ihm ihren eigenen Kraftgürtel, ihre Eisenhandschuhe und ihren Stab mit. Darauf kam Thor zu dem mächtigen Strome Wimur. Er umgürtete sich mit dem Kraftgürtel und stützte sich beim Durchwaten auf den Stab der Grid; Loki aber, der ihn begleitete, hielt sich an dem Kraftgürtel fest. Als Thor in die Mitte des Stromes kam, wuchs das Wasser so sehr, daß es ihm um die Schultern rauschte. Da sah er, daß Gialp, Geirrods Tochter, oben am Flusse stand und sein Anschwellen veranlaßte. Er hob einen großen Stein aus dem Flusse und schleuderte ihn nach der Riesin. Er verfehlte sein Ziel nicht, und nun glückte es ihm, an einem Vogelbeerstrauch sich haltend, das Ufer zu erklettern.

Als Thor zu Geirrod kam, wurde ihm das Gästehaus als Herberge angewiesen. Nur ein einziger Stuhl war darin, und auf dem nahm er Platz. Da wurde er gewahr, daß sich sein Sitz unter ihm bis zum Dache erhob. Er stemmte den Stab der Grid gegen das Dach und drückte so den Stuhl nieder. Nun vernahm er ein lautes Geschrei und ein Krachen; die Töchter Geirrods, Gialp und Greip, hatten unter dem Stuhle gesessen, und er hatte beiden das Rückgrat gebrochen. Darauf wurde Thor in die Halle gerufen, wo er sich mit Geirrod im Kampfspiele messen sollte.

Aus dem Feuer in des Saales Mitte erhob der Riese mit einer Zange ein glühendes Eisenstück und warf es nach Thor. Der aber fing die glühende Waffe mit dem Eisenhandschuh auf und hob sie ausholend in die Luft. Es half Geirrod nichts, daß er hinter eine Säule sprang, um sich zu decken. Der Gott durchbohrte mit dem glühenden Eisen die Säule, den Riesen und die Wand hinter ihm; die feurige Waffe fuhr außerhalb in das Erdreich.

Ein ander Mal mußte Thor durch Odins Schuld den Zweikampf mit einem Riesen aufnehmen. Odin ritt einst auf seinem achtfüßigen Rosse Sleipnir ins Riesenheim und geriet dort mit dem Riesen Hrungnir in Streit; er prahlte, daß Sleipnir der beste und schnellste aller Hengste sei, Hrungnir aber stellte sein Roß Gullfaxi noch über Sleipnir. Er wurde schließlich sehr zornig und schwang sich auf sein Pferd, um Odin zu fangen. Odin ritt so schnell, daß er seinem Verfolger immer um eine Bergspitze voraus war. Ehe sich der Riese dessen versah, war er mitten im Gehöft der Götter. Als er zur Thür der Halle kam, lud man ihn zum Trinkgelage ein. Man reichte ihm das Bier in den Schalen, aus denen Thor zu trinken pflegte. Jede dieser Schalen leerte er auf einen Zug, während die andere gefüllt wurde, und so war er bald schwer trunken. Da drohte er, er wolle Walhall nach Riesenheim tragen und alle Götter töten außer Freyja und Sif; diese beiden wolle er mit sich nehmen in sein Reich. Als sie das hörten, wurde den Göttern angst und bange, und sie riefen Thor herbei, der gerade abwesend war: sofort stand der Donnergott in ihrer Mitte und schwang voll Zorns seinen Hammer. Doch durfte er Hrungnir nicht anrühren, da dieser als Gast der Götter unverletzlich war. Das wußte

THOR DEN HRUNGNIR BEKÄMPFEND

auch Hrungnir gar wohl, darum fürchtete er den Zornigen nicht, sondern forderte ihn zum Zweikampf an der Grenze des Götter- und Riesenreichs.

Die Riesen waren voll Besorgnis, daß Hrungnir, der der stärkste unter ihnen war, gegen Thor fallen möchte. Daher bildeten sie einen Mann aus Lehm, der neun Meilen hoch war und drei Meilen breit unter den Armen, und legten ihm das Herz einer Stute in die Brust. Hrungnir hatte ein Herz aus hartem Felsstein, steinern war auch sein Haupt. Wie er so dastand, auf Thor wartend, hatte er einen dicken Schild aus Stein vor sich, und als Waffe schwang er einen Wetzstein um seine Schultern. Neben ihm hielt sich der gewaltige, aber feige Lehmriese, der Mokkrkalfi d. h. Nebelwade genannt ward. Thor kam zur Kampfstätte und mit ihm sein Diener Thialfi. Dieser lief voraus, dahin, wo Hrungnir stand, und rief ihm zu: „Unvorsichtig stehst du da, Riese! Du hältst den Schild vor dich, aber Thor hat dich gesehen und fährt hinab unter die Erde und wird dich von unten her angreifen!" Da warf Hrungnir den Schild unter seine Füße und trat darauf, den Wetzstein aber faßte er mit beiden Händen. Demnächst sah er Blitze, hörte laute Donnerschläge und erblickte Thor, der im Asenzorn schnell herankam. Schon aus weiter Ferne warf der Gott seinen Hammer, und Hrungnir entsandte seinen Wetzstein dagegen. Dieser traf den Hammer im Fluge und der Wetzstein zerbrach; ein Teil fiel zur Erde, der andre fuhr dem Thor in die Stirn, so daß der Gott zu Boden stürzte. Der Hammer Miolnir aber traf Hrungnir mitten ins Haupt und zerschmetterte den Schädel in kleine Stücke. Der Riese fiel nun über Thor, so daß sein Fuß über dem Halse des Gottes lag. Währenddessen hatte Thialfi den Mokkrkalfi gefällt und trat zu Thor, um den Fuß des Riesen von seinem Halse zu heben. Er vermochte es nicht, und eben so wenig die Asen, die jetzt auf dem Kampfplatz erschienen. Da eilte Magni herbei, der Sohn Thors und einer Riesin, der erst drei Nächte alt war; er warf mit Leichtigkeit Hrungnirs Fuß von dem Halse des Vaters und sprach: „Es ist jammerschade, Vater, daß ich so spät kam; ich meine, daß ich diesen Riesen mit der Faust würde erschlagen haben, wenn ich ihn früher getroffen hätte!" Da stand Thor auf und begrüßte freudig den starken Sohn. Er schenkte ihm das herrliche Roß Gullfaxi, das bisher Hrungnir besessen hatte.

Thor, der mit dem Hammer den Kopf Hrungnirs zerschmettert, ist der Blitz, der splitternd in die Bergspitze fährt. Thors Diener Thialfi ist gleichfalls eine Personifikation des Blitzes, sein Gegner Mokkrkalfi mag die Nebelwolke am Fuß des Gebirgs sein, die vom Blitze zerteilt wird.

Im Winter giebt es keine Gewitter, der Blitzhammer Miolnir ist außer Thätigkeit. Das drückte man mythisch so aus: Der Riese Thrym hatte die Waffe des Gottes im Herbst entwendet, im Frühjahr holte Thor sie wieder heim.

Als einst Thor erwachte, vermißte er seinen Hammer; er schüttelte zornig den roten Bart und griff noch einmal suchend um sich. Dann teilte er Loki, dem listigen Gotte, die trübe Kunde mit: „Der Ase ist seines Hammers beraubt". Beide gingen zum Gehöft der Freyja und baten sie, ihnen ihr Federkleid zu leihen. Freyja gewährte ihnen die Bitte, und im Federkleide der Göttin flog Loki ins Riesenland, um zu erkunden, wohin der Hammer gekommen sei. Der Riesenherrscher Thrym saß dort auf einem Hügel und hütete seine Herde. Er gestand ein, daß er den Hammer entwendet und acht Meilen tief unter der Erde

THOR BEI DEM RIESEN THRYM ALS BRAUT VERKLEIDET.

verborgen habe; „keiner wird ihn je wieder bekommen, wenn er mir nicht Freyja als Gattin ins Haus führt". Heimgekehrt ins Reich der Götter, ging Loki mit Thor zu Freyja und verlangte, sie solle ihm zu Thrym folgen; aber zornschnaubend wies die Göttin ihn ab. Götter und Göttinnen kamen nun auf dem Thingplatz zusammen und berieten, was zu thun sei. Heimdall gab den Rat, daß Thor in Freyjas Gewand dem Riesen als Braut zugeführt werde. Zuerst weigerte sich der Gott, aber Asgard stand in Gefahr, wenn der Hammer in der Gewalt der Feinde blieb; er mußte also schließlich nachgeben. Die Asen legten ihm Weiberröcke an und bedeckten sein Haupt mit kunstvollem Putz. An seinem Gürtel rasselte ein Schlüsselbund, das Brisingenhalsband hing herab auf seine Brust, und ein bräutlicher Schleier verhüllte sein Gesicht. Loki folgte ihm als Magd. So bestiegen sie Thors Wagen und fuhren in rasender Eile über Berge und Thäler dahin nach Thryms Gehöft.

Als dem Riesen die Ankunft der Götter gemeldet ward, ließ er die Halle zu ihrem Empfange rüsten. Frühzeitig brach der Abend herein, und man setzte sich zum Mahle nieder. Thor war hungrig von der weiten Fahrt; er aß einen Ochsen, acht Lachse und alle süße Speise, und dazu trank er drei Tonnen Met. Thrym wurde argwöhnisch wegen des gewaltigen Hungers und Durstes seiner Braut, aber Loki beruhigte ihn: „Aus Sehnsucht nach dir hat Freyja seit acht Nächten nichts gegessen". Der Riese hob den Schleier empor, um die Braut zu küssen, aber weit prallte er zurück vor dem funkelnden Auge Thors. Wieder trat Loki besänftigend dazwischen: „Aus Sehnsucht nach dir hat Freyja seit acht Nächten nicht geschlafen, darum glüht ihr Auge so". Die greise Schwester des Riesen trat hinein und erbat von der Braut ein Geschenk. Da ließ Thrym den Hammer herbeiholen, um die Braut zu weihen. Wie lachte dem Gotte das Herz in der Brust, als er seinen Hammer erblickte! Den Thrym erschlug er zuerst, danach die andern Gäste. Auch die Schwester des Riesen hieb er nieder; sie erhielt Schläge statt der Schillinge, Hammerhiebe statt der Goldringe. So kam Odins Sohn wieder zu seinem Hammer.

Eine weitere Reise ins Riesenland unternahm Thor, um einen Metkessel zu gewinnen, den der Riese Hymir besaß. Aegir, der Gott des Meeres, sollte den Göttern ein Gastmahl rüsten, doch hatte er keinen Kessel, der hinreichend groß war, um darin für alle Met zu brauen. Er forderte Thor auf, ihm einen solchen Kessel zu verschaffen. Der Gott kam dadurch zunächst in Verlegenheit; da trat sein Freund Tyr, der Kriegsgott zu ihm und sagte ihm insgeheim: „Mein Vater, der weise Riese Hymir, besitzt einen Kessel, der eine Meile tief ist; den können wir gewinnen, wenn wir es listig anfangen". Bald machten sich die beiden Götter auf den Weg. Als sie zu Hymirs Halle kamen, war der Riese ausgegangen. Seine schöne, brauenweiße Frau, Tyrs Mutter, begrüßte die Gäste freundlich und reichte ihnen einen Krug Biers zur Erquickung; doch riet sie ihnen, vor dem mürrischen, boshaften Riesen sich zunächst hinter einer Säule am Ende des Saals zu verstecken. Die Götter thaten, wie sie wünschte. Die Säule aber, hinter die sie traten, stützte einen Querbalken, auf dem acht Kessel standen. Spät kam der Riese von der Jagd heim; die Eiszapfen klirrten in seinem gefrorenen Barte. Die schöne Frau

THOR BEI HYMIR

sagte ihm, welche Gäste gekommen seien, und daß sie sich hinter der Säule versteckt hätten. So gewaltig war der Blick des Riesen, daß Säule und Balken vor ihm zerbrachen und die Kessel zur Erde rollten; nur einer davon blieb unversehrt von dem Falle. Die Götter traten hervor, und Hymir maß seinen Gegner Thor mit den Augen. Wenig erfreulich war ihm seine Ankunft, aber doch befahl er, drei Stiere zu schlachten und ihr Fleisch zu sieden. Zwei davon verzehrte Thor allein zum Nachtmahl.

Am nächsten Morgen sollte Thor mit dem Riesen auf den Fischfang fahren. Er war dazu bereit, wenn ihm Hymir Köder zum Fischen verschaffe. Der Riese schickte ihn zu seiner Viehherde, dort solle er sich den Köder selber holen. Das ließ sich Thor nicht zweimal sagen; er eilte zum Walde und riß dem schwarzen Stiere des Riesen das Haupt herunter. Dann ruderten sie ins Meer hinaus. Der Riese wollte auf den Fischgründen bleiben, wo er Schollen zu angeln pflegte, aber Thor fuhr noch viel weiter hinaus in die hohe See. Hymir warf zuerst die Angelschnur ins Meer und zog zwei Wale ins Schiff empor. Inzwischen machte auch Thor seine Angel fertig und steckte das Stierhaupt an den Haken. Der sank sofort in die Tiefe, wo der Kopf der furchtbaren Midgardschlange ruhte, die alle Länder umgürtet. Gierig schnappte sie nach dem Stierhaupt, und Thor zog den Kopf des häßlichen Untiers in die Höhe. Wohl zerrte die Schlange an der Leine in schrecklicher Wut, wohl schlugen die Fäuste des Gottes schallend auf dem Schiffsrand auf, er ließ doch seinen Fang nicht frei und führte wuchtige Hiebe auf den Kopf des giftschnaubenden Ungetüms. Es wäre verloren gewesen, wenn nicht der Riese die Angelschnur durchschnitten hätte. So sank der Midgardswurm zurück ins Meer. Als die Angler das Ufer wieder erreicht hatten, sollte der Gott entweder das Boot am Strande befestigen oder die Wale nach Hause tragen. Er aber ergriff das Boot samt der Ladung und trug es heim zum Gehöft des Riesen.

In der Halle hatte Thor noch eine weitere Kraftprobe zu bestehen; nur dann wollte Hymir Thors Ueberlegenheit anerkennen, wenn er den Weinkelch des Riesen zerbrechen könne. Vergeblich warf Thor den Becher gegen eine der Säulen: die Säule zerbarst und der Becher blieb heil. Erst als er nach der Weisung von Hymirs Frau den Becher gegen die harte Stirn des Riesen schleuderte, zerschellte er in tausend Stücke.

Nun mußte Hymir eingestehen, daß Thor stärker sei als er, den Kessel aber wollte er nur dann herausgeben, wenn die Götter ihn selbst hinaustragen könnten. Zweimal versuchte Tyr ohne Erfolg, den Kessel zu rühren, Thor aber stülpte ihn sich über das Haupt. So groß war der Kessel, daß er die ganze Gestalt des Gottes deckte und die Henkel an seinen Fersen klirrten. Die Götter waren noch nicht weit gekommen, als Hymir mit der Schar der Riesen hinter ihnen einherstürmte, um das teure Gut wieder zu erobern. Da hob Thor den Kessel vom Nacken und erschlug alle Riesen mit dem mordgierigen Miolnir. Dann brachte er seine Beute heim ins Reich der Götter, und Aegir konnte in seiner Halle den Asen Bier brauen, so viel als sie begehrten.

In den Sagen von Thrym und Hymir zeigt Thor bereits leicht komische Züge. Komisch mußte es wirken, wenn er, der Kraftase, in Frauenverkleidung auftritt, wenn sein gewaltiger Appetit geschildert wird, wenn sein Leib unter dem Kessel Hymirs ganz verschwindet. Die nordischen Dichter haben sich ebenso wenig wie die griechischen gescheut, ihre Götter gelegentlich in scherzhaften Situationen vorzuführen. So hat Thor, der der Liebling des norwegischen Ackermanns war, viel von dem derben, bäurischen Wesen seiner Verehrer angenommen. Einmal tritt er auf in ärmlichem Gewande und barfuß; Hafergrütze und Hering hat er vor seinem Weggang von Hause geschmaust, und auf dem Rücken trägt er einen Korb mit der gleichen Kost. Er ist sich seines Wertes als Schützer von Midgard wohl bewußt, aber mit seiner Klugheit ist es übel bestellt; trotz alles Redens vermag er nicht, von Odin, der als Fährmann ihm gegenübersteht, die Ueberfahrt über den Sund zu erlangen.

Eine etwas zweifelhafte Rolle spielt Thor auch in der Erzählung von der Fahrt zu Utgardaloki. Es ist nichts Mythisches in dieser Geschichte; vielmehr ist sie aus Schwank- und Märchenzügen geschickt zusammengesetzt.

Einst zog Thor mit Loki und seinem Diener Thialfi ins Riesenland. Sie kamen in einen großen Wald und gingen darin den

THOR BEI SKRYMIR

ganzen Tag bis zur Dämmerung. Als es dunkel geworden war, suchten sie ein Nachtlager und fanden ein sehr großes Haus; die Thür war an dem einen Ende und eben so breit wie das ganze Haus. Dort legten sie sich schlafen. Um Mitternacht entstand ein großes Erdbeben; der Boden unter ihnen bewegte sich wie Meereswellen, und das Haus erzitterte. Thor erhob sich und rief auch seine Genossen auf. Sie tasteten umher, fanden auf der rechten Seite etwa in der Mitte des Hauses ein Nebenhaus und traten dort ein. Thor setzte sich an die Thür und umfaßte den Hammerschaft, entschlossen sich zu wehren. Während der Nacht hörten sie ein großes Brausen und Schnauben. Als der Tag kam, ging Thor hinaus und sah da einen gewaltigen Riesen liegen, der laut schnarchte; nun glaubte Thor zu verstehen, woher der Lärm in der Nacht gekommen war. Er wollte eben mit dem Hammer auf den Riesen losgehen, da erwachte dieser. Er nannte sich Skrymir und fragte den Gott, ob er ihm seinen Handschuh fortgenommen habe. Dabei griff er nach dem Handschuh, und Thor sah nun, daß er ihn in der Nacht für ein Haus gehalten habe und den Däumling für das Nebenhaus.

Einige Zeit begleitete der Riese die drei Wanderer, dann zeigte er ihnen den Weg zum Hause des Utgardaloki. Utgardaloki empfing die Ankömmlinge mit höhnischer Bewunderung und fragte sie, auf welche Künste sie sich verständen; er wolle niemand bei sich aufnehmen, der sich nicht in irgend einer Fertigkeit auszeichne. Loki meinte, er wolle es im Essen mit jedermann aufnehmen; ihm wurde Logi als Gegner gestellt. Sie nahmen an den beiden Enden eines Troges Platz, der mit Fleisch gefüllt war. In derselben Zeit aber, in der Loki die Hälfte des Fleisches verzehrte, hatte Logi auch die Knochen verschlungen und den Trog dazu. Thialfi versuchte sich mit dem Riesenknaben Hugi im Wettlauf, aber er wurde dreimal besiegt; Thor erbot sich zum Wettkampf im Trinken. Da ließ der Riese ein Horn herbeibringen; seine Leute, so sagte er, müßten es zur Strafe austrinken, wenn sie sich gegen die Trinkgesetze vergangen hätten; die guten Zecher leerten es mit einem Zuge, doch so schwächlich sei keiner, daß er es nicht mit drei Zügen austrinken könne. Thor war sehr durstig; er setzte das Horn dreimal an den Mund und zog gewaltig, aber erst beim dritten Male konnte man merken, daß die Flüssigkeit ein wenig abgenommen hatte.

Am nächsten Morgen geleitete Utgardaloki seine Gäste aus der Burg. Dem Thor, der sehr kleinlaut war, enthüllte er jetzt, wie er ihn getäuscht habe: Er selbst und Skrymir waren eins; Logi, dem Loki beim Wettessen unterlag, war das Wildfeuer. Thialfi war im Wettlauf besiegt von Hugi, dem Gedanken; der Gedanke ist schneller als alles andre in der Welt, schneller auch als der Blitz (Thialfi). Das Horn aber, aus dem Thor trank, endete im Weltmeer; so mächtig hatte der Gott gezogen, daß es dadurch im Meere Ebbe wurde. Als Thor das hörte, erhob er den Hammer gegen den Riesen; aber dieser war im Nu verschwunden, und auch von seiner Burg war nichts mehr zu sehen.

In der Erzählung von Thors Fahrt zu Utgardaloki scherzt ein Nordmann mit gutmütigem Humor über den Gott und seine Begleiter, denen es an Stärke gewiß nicht fehlt, wohl aber an der nötigen Klugheit, um sich unmöglichen Aufgaben zu entziehen. Aber mochten auch die Norweger einmal lächeln über ihren starken Gott, sie liebten ihn darum nicht weniger, und als sie ihn beim Vordringen des Christentums aufgeben mußten, blickten sie dem Scheidenden noch lange sehnsüchtig nach.

Als König Olaf Tryggwason, der eifrige Vorkämpfer des Christentums, einmal an der norwegischen Küste entlang fuhr, stand auf einem Felsvorsprung ein Mann und bat um Aufnahme in das Schiff. Der König ließ nach dem Lande steuern, und der Mann kam an Bord. Er war großgewachsen und schön von Gestalt und hatte einen roten Bart. Mit den Leuten des Schiffs versuchte er sich in allerlei Wettspielen, aber in allen war er ihnen weit überlegen. Da sagte er, daß sie unwert seien eines so großen Königs und eines so schönen Schiffes. Dann begann er zu erzählen, wie die Leute des Landes ihn einst um Hilfe gerufen hätten gegen zwei Riesinnen und wie er diese erschlagen habe mit seinem Hammer. „Und die Leute des Landes hielten daran fest, mich um Hilfe anzurufen, wenn sie es nötig hatten. Aber du, o König, hast alle meine Freunde vernichtet, was wohl der Rache wert wäre". Dabei blickte er nach dem Könige, lächelte bitter und schoß so schnell wie ein Pfeil ins Meer. So nahm der Gott Abschied von seinem Volke.

Der dritte der großen Götter des Nordens war Freyr. Dieser Name ist freilich ursprünglich nur ein Beiname und bedeutet den Herrn oder Herrscher. Im Grunde ist Freyr dieselbe Person wie Ing und war also ursprünglich eins mit dem alten Himmelsgotte Tiw. Er nahm die erste Stelle ein in dem Göttergeschlecht der Wanen, das zuerst bei den Ingwäonen, den Völkern an der Nordsee, verehrt ward. Der Wanendienst wurde vom Festlande hinübergebracht nach Seeland, von dort aber nach dem dänischen Schonen und nach Schweden. Hier trat Freyr gleichberechtigt neben Thor, ja er wurde von vielen als Fürst der Götter, als Herrscher der Welt angesehen. Auch nach Norwegen kam der Dienst des Freyr, aber man fühlte dort, daß der Gott eigentlich in Schweden zu Hause sei, und daher heißt auch Freyr noch spät der Schwedengott.

Freyr war zunächst Himmels- und Sonnengott. Darauf deutete schon sein Äußeres. Seinen Anhängern erschien er als ein schöner Jüngling, hoch zu Roß. Ein prächtiges Schwert war um seine Lenden gegürtet, ein Helm, von einem goldenen Eberbilde überragt, deckte sein Haupt. Der Eber auf Freyrs Helm gab Anlaß zur Bildung der Sage vom Eber Gullinbursti, dem Goldborstigen. Von einem Zwerge war er geschmiedet; er vermochte Tag und Nacht schneller als ein Pferd durch die Luft und über das Wasser zu laufen, und das Dunkel ward erhellt durch den Glanz seiner Borsten. Der Gott ritt auf ihm, oder er spannte ihn vor seinen Wagen.

Als Himmelsgott waltete Freyr über Regen und Sonnenschein und damit über den Pflanzenwuchs auf der Erde. Zum Beginn des Frühlings wurde sein Bild, wie das der Nerthus in Deutschland, durch die Lande gefahren; eine Priesterin hatte neben dem Gotte Platz genommen und lenkte den Wagen; Priester und Leute aus dem Volk gingen voraus oder folgten. Wo der Zug hinkam, da wurde er festlich empfangen; Opfer wurden ihm geschlachtet, festliche Gelage ihm zu Ehren abgehalten. Man glaubte, daß der Gott auf seinem Umzuge die Erde aus dem Winterschlaf erwecke und zu neuer Fruchtbarkeit segne. Auch bei Hochzeiten opferte man dem Freyr; das junge Paar erflehte von ihm Wohlstand und Kindersegen.

Der Schutz der Schiffahrt war allerdings zunächst dem Vater des Freyr, dem Meergott Niord, anheimgestellt, aber auch Freyr wurde von den Seeleuten um günstigen Fahrwind angerufen. Als Gott der Seefahrt ist er kenntlich durch sein Schiff Skidbladnir, das wie so viele Kostbarkeiten der nordischen Götter als eine Arbeit der Zwerge bezeichnet wird. Es war der Schiffe bestes und hatte, sobald die Segel aufgespannt waren, stets günstigen Fahrwind nach der Gegend, wohin man reisen wollte. Es war so groß, daß es alle Asen aufnehmen konnte mit Waffen und Kriegsrüstung; aber wenn man wollte, konnte man es auch zusammenfalten und in der Tasche tragen.

Als alter Sonnengott konnte Freyr nicht unkriegerisch sein, und wirklich heißt er einmal der beste aller kühnen Reiter; er erschlug einen Riesen mit der bloßen Faust, und auch in der letzten Götterschlacht wird er mit Odin und Thor in einer Reihe kämpfen. Aber der Sonnengott ist zugleich der Gott der Fruchtbarkeit und der Schiffahrt, und als solcher waltete er nicht über den Krieg, sondern über den Frieden. Nicht brachte er Gattinen und Bräute zum Weinen, indem er die Männer dem Tode weihte, sondern er löste als Friedensgott die Fesseln der Gefangenen. Daher wurde er auch geliebt von Göttern und Menschen, und man rief ihn um Frieden und Wohlstand an.

Der Gott Freyr erfreute sich großer Beliebtheit im ganzen Norden. Die schwedischen Könige leiteten ihr Geschlecht von ihm ab und nannten sich nach seinem Namen Ing oder Yngwi Ynglinge. Den norwegischen Bauern stand er, abgesehen von Thor, am nächsten. Unter denen, die zu Harald Schönhaars Zeit nach Island auswanderten, waren auch viele, die vor allem auf Freyr vertrauten und ihm in der neuen Heimat Tempel errichteten. Man opferte dem Freyr Pferde und Ochsen, und zur Julzeit wurde ihm zu Ehren der schönste Eber der ganzen Herde geschlachtet. Wenn die Männer in der Halle versammelt waren, wurde der Eber hineingeführt. Jeder trat einzeln heran, legte die Hände auf seine Borsten und gelobte eine Heldenthat für das nächste Jahr. Danach erst erfolgte die Opferung.

Ein Mythus von dem Frühlingsgotte Freyr ist erhalten in dem Skirnirliede der Edda. Einst hatte sich Freyr, der Sohn Niords, auf Odins Hochsitz Hlidskialf gesetzt und überschaute von da alle Welten. Im Riesenlande sah er eine schöne Jungfrau, die von dem Wohnhause ihres Vaters zu dem Frauenhause schritt; vom Glanz ihrer weißen Arme leuchtete die ganze Luft und das Meer. Es war Gerd, die Tochter des Riesen Gymir. Freyr wurde von heftiger Liebe zu dem Mädchen erfaßt und versank in tiefe Schwermut. Als Niord und seine Gattin Skadi das bemerkten, baten sie Skirnir, den Diener Freyrs, daß er ihren Sohn aufsuche und seinen geheimen Kummer ergründe. Freyr gestand dem vertrauten Diener seine Liebe ein. Da erbot Skirnir sich, im Riesenlande die Werbung für den Gott auszurichten, falls er ihm sein Roß leihe, um die Waberlohe zu durchreiten, und sein von selbst sich schwingendes Schwert.

Durch das Dunkel der Nacht, über die feuchten Felsen ritt Skirnir dahin, bis er zu der Behausung Gymirs kam. Nicht die Warnung des Hirten, der von einem Hügel des Riesen Schafe hütete, schreckte ihn zurück, nicht die wabernde Lohe hielt ihn auf. Furchtlos drang er in das Gehöft des Riesen und schwang sich vom Rücken seines Rosses. Gerd hatte das Kommen des Fremden gehört und trat ihm entgegen, obschon sie fürchtete, es möchte ein Feind ihres Geschlechts angelangt sein. Skirnir begann sogleich seine Werbung. Elf goldene Äpfel bot er ihr, wenn sie dem Freyr angehören wolle, er bot ihr Odins Ring Draupnir, von dem in jeder neunten Nacht acht eben so schwere tropften. Die Jungfrau wies ihn ab. Er drohte, mit Freyrs Schwert ihr den Kopf vom Rumpfe zu trennen, auch ihren Vater wollte er mit dem Schwerte fällen. Aber immer noch weigerte sich das Mädchen. Heftiger und heftiger ward Skirnirs Werben; er schleuderte die schrecklichsten Verwünschungen gegen Gerd, wenn sie sich nicht fügen wolle. Am Ende der Welt, nahe der Hölle, solle sie sitzen als ein Wundertier, begafft von Riesen und Menschen; in Sehnsucht und Kummer solle sie sich verzehren und verdorren wie die Distel. Die Frau des Reifriesen Hrimgrimnir solle sie werden und in dessen Halle bittern Hunger erdulden. Um seinen Verwünschungen größere Kraft zu geben, schnitt Skirnir auf einen Zweig unheilvolle Runen. Doch, — so fügte er hinzu — er könne sie wieder abschaben, wenn es dessen bedürfe. Eingeschüchtert durch die furchtbaren Drohungen, gab Gerd nun endlich nach und reichte dem Skirnir als Willkommenstrunk den Reifkelch voll alten Mets. Nach neun Nächten wollte sie im knospenden Haine Barri Freyr erwarten.

Darauf ritt Skirnir heim. Freyr erwartete ihn draußen und fragte ungeduldig, was er zu berichten habe. Die gute Botschaft, die er brachte, freute den Gott; doch schien die Wartezeit seinem sehnenden Herzen allzu lang.

Der Sinn des Mythus kann nicht zweifelhaft sein: Der Frühlingsgott Freyr wirbt durch seinen Diener Skirnir, den Hellmacher, den Vertreter der wärmenden Sonnenstrahlen, um die jungfräuliche Erde, die sich bis dahin noch in der Gewalt der Winterriesen befindet. Freyr und Skirnir sind im Grunde nur eine Person.

Von Freyr, dem Gotte des Friedens und Reichtums, ist kein Mythus auf uns gekommen, doch scheint ein Mythus der Art Aufnahme gefunden zu haben in die Geschichte des dänischen Sagenkönigs Frodi. Während seiner Regierungszeit herrschte so tiefer Friede, daß niemand seinem Mitmenschen ein Leid zufügte, selbst wenn er den Mörder seines Vaters oder Bruders in Banden antraf. Es gab keinen Dieb oder Räuber damals, sodaß ein Goldring, der nach dem Befehl des Königs auf der Heerstraße niedergelegt war, daselbst drei Jahre lang unberührt liegen blieb. Unglaublich reich waren die Ernten jener Zeit, alles Vieh gedieh vortrefflich und die Berge gaben Metalle her in großer Fülle. Das kam daher, daß der König eine Mühle besaß, Grotti genannt, auf der man Frieden, Reichtum und Glück mahlen konnte. Zwei riesische Jungfrauen, Fenja und Menja, mußten die gewaltigen Steine der Mühle drehen, und kaum vergönnte ihnen Frodi eine kurze Zeit der Ruhe; nur so lange durften sie rasten, als der Kuckuck rief oder man ein Lied singen konnte. Endlich ergrimmten die Riesinnen über die Knechtsarbeit, bei der der König sie Tag und Nacht festhielt. Statt Frieden und Reichtum mahlten sie ihm nun Krieg, Überfall und Tod. So heftig

Tempel zu Uppsala

drehten sie die Mühle im Riesenzorn, daß die Stangen erbebten, der Mühlkasten zusammenbrach und die Steine in Stücke zerschellten. Da verschwanden die Mädchen, der König Frodi aber fand bald danach seinen Tod.

Odin, Thor und Freyr, alle drei Götter wurden gemeinsam verehrt in dem weitberühmten Tempel zu Uppsala. Von ihm hat uns ein deutscher Schriftsteller des elften Jahrhunderts ein klares Bild entworfen, das noch aus den Beschreibungen anderer Tempel ergänzt werden kann. Der Uppsalatempel, dessen reicher Schmuck in dem Beschauer die Vorstellung erweckte, er sei ganz aus Gold erbaut, lag in einem Thal und war eingeschlossen von einem heiligen Hain. In seiner Nähe stand ein großer Baum, der seine Zweige weithin ausbreitete und auch im Winter mit grünendem Laube bedeckt war. Am Fuße des Baumes murmelte ein heiliger Quell.

Der Tempel selbst bestand aus zwei Teilen, einem großen, länglichen Hause und einem kleinern chorähnlichen Anbau dahinter. An den Längsseiten führten Thüren in den größeren Raum, der für die Menge des Volks bestimmt war. Von da blickte man in das Nebenhaus, das aufgehängte Teppiche und Schnitzereien an den Holzpfeilern zierten. Im Hintergrunde standen auf Postamenten die roh geschnitzten Bilder der Götter, denen der Tempel geweiht war. Der Ehrenplatz in der Mitte war dem Wettergott Thor zugewiesen; zu seiner Rechten stand Odin, der durch seine Bekleidung als Kriegsgott kenntlich war, zur Linken Freyr, der Gott der Fruchtbarkeit und des Friedens. Der Raum, in dem die Götterbilder sich befanden, wurde von dem großen Hause getrennt durch einen langen, eisenbeschlagenen Altar. Darauf erblickte man den kupfernen Opferkessel, in dem das Blut des Opfers aufgefangen wurde. Ein Sprengwedel oder Blutzweig lag daneben und der offene Eidring aus Gold- oder Silberdraht, auf den man alle Eide schwören sollte. Wenn Pest oder Hungersnot drohte, opferte man dem Thor, wenn ein Krieg in Aussicht stand, dem Odin, bei einer Hochzeit dem Freyr.

Alle neun Jahre fand in dem Tempel ein allgemeines Opferfest der Schweden statt. Eine zahllose Menge Volks strömte dazu zusammen und brachte reiche Opfer mit. Waffenlos mußte man das Heiligtum betreten und schweigend in der Halle des Tempels verharren, während der Priester in dem Rundbau die Opfer — Menschen und Tiere — tötete und ihr Blut in dem Opferkessel auffing. Während dessen ertönten Lieder zum Preise der Götter. Wenn der Berichterstatter nicht übertreibt, so wäre an jedem Tage des Festes, das im ganzen neun Tage dauerte, ein Mensch und ein Männchen jeder Tiergattung geschlachtet worden, die zum Opfer sich eignete. Hatte der Priester sein blutiges Geschäft vollendet, so ergriff er den Sprengwedel und bespritzte mit dem Opferblut die Götterbilder, den Altar und die Festgenossen. Die getöteten Menschen hing man an den Bäumen des Haines auf, von den Tieren jedoch nur die Köpfe, die Körper wurden für den Opferschmaus verwandt.

Auf den Bänken, die sich an den Längswänden hinzogen, nahmen die Festgenossen Platz. In der Mitte der Halle wurden mächtige Feuer entzündet und große Kessel darüber aufgehängt. Hierin kochte man das Fleisch der Opfertiere, das nur so, nicht gebraten, genossen werden durfte. Man aß das Fleisch und trank die Brühe, und

FESSELUNG DES FENRIS-WOLFS

wenn das Mahl beendet war, so begann der Festtrunk. Ein voller Becher wurde den Göttern geweiht, denen der Tempel heilig war. Darauf nahm die feierliche Opferhandlung mehr und mehr den Charakter eines ausgelassenen Gelages an.

Die Anrufung im Gebet, die Verehrung durch das Opfer, galten im Norden fast ausschließlich den drei großen Göttern Odin, Thor und Freyr. Alle andern Mitglieder des nordischen Götterstaats haben entweder einmal an erster Stelle gestanden und sind dann allmählich in den Hintergrund gedrängt, oder es sind recht junge Gestalten der mythenbildenden Phantasie. Die einen genossen keine Verehrung mehr, da ihr Kult auf ihre Überwinder übergegangen war, die andern waren zu deutlich als Phantasiewesen kenntlich, als daß sich ein Nordmann mit Gebet und Opfer an sie hätte wenden können.

Der alte Himmelsgott Tiw oder Ziu, der nordische Tyr, war in Deutschland durch Odin seiner Würde als Götterherrscher beraubt worden und hatte im Norden gegen den Donnergott Thor zurücktreten müssen. Er galt hier als Kriegsgott und als ein Sohn Odins. Dem Schlachtenlenker Odin gegenüber war er mehr der Gott des wilden Kampfgetümmels. Die wilden nordischen Seeräuber vom Hardangerfiord, die im neunten Jahrhundert in Irland landeten, die Kirchen und Klöster verbrannten und die Christen niedermetzelten, scheinen ihn verehrt zu haben; wenigstens nannten die schwer geschädigten Iren das Thun der Seeräuber fortan Tywerk, d. i. Werke des Tyr. Tapfere Männer pflegten ihn in der Schlacht anzurufen; man hoffte den Sieg zu erringen, wenn man Siegesrunen auf die Teile des Schwertes ritzte und dabei zweimal den Namen des Gottes nannte.

Tyr war überaus mutig, aber als er den glänzendsten Beweis seiner Tapferkeit gab, büßte er seine rechte Hand ein.

Der böse Fenriswolf war ein Sohn Lokis und der Riesin Angrboda. Die Asen zogen ihn auf, aber Tyr allein hatte soviel Mut, ihm seine Speise zu reichen. Das Ungetüm wuchs täglich, und die Orakel verkündeten, daß es den Göttern großen Schaden zufügen werde. Da verfertigten die Götter eine sehr starke Fessel, gingen zu dem Wolfe und forderten ihn auf, seine Kraft daran zu erproben. Der Wolf ließ sich ruhig binden; doch kaum regte er seine Gliedmaßen, so zersprang die Fessel. Darauf machten die Asen eine zweite Fessel und verlangten von dem Wolfe, er solle auch sie versuchen. Der Wolf merkte, daß sie stärker sei als die erste, aber er glaubte ihr noch wohl gewachsen zu sein. Als man ihn gebunden hatte, strengte er seine ganze Kraft an, und so zerriß er auch dieses Band. Nun sandten die Götter einen Boten zu den Zwergen und ließen von ihnen die Fessel verfertigen, die Gleipnir hieß. Sie war aus sechs Dingen gemacht, dem Geräusch der Katze, dem Barte des Weibes, den Wurzeln des Berges, den Sehnen des Bären, dem Hauche des Fisches und dem Speichel des Vogels; sie war glatt und weich wie Seide, aber gewaltig stark und fest. Als sie den Asen gebracht wurde, begaben sich diese mit dem Wolfe auf eine kleine Insel, die in der Mitte eines Sees gelegen war. Dort zeigten sie die neue Fessel vor und versuchten zunächst selbst ihre Kräfte daran. Da sie keiner zu zerreißen vermochte, forderten sie schließlich den Wolf auf, sich an ihr zu versuchen; zwar sei sie etwas stärker, als es nach ihrer Dicke scheinen möchte, doch werde sie der Kraft des Wolfs nicht widerstehen können. Aber

der Fenriswolf faßte Verdacht, weil das Band so zart und weich war. Er wollte sich nur dann binden lassen, wenn einer der Götter ihm die Hand in das Maul legte, zum Pfande dafür, daß keine Hinterlist im Spiele sei. Einer der Asen sah den andern an, und keiner wollte seine Hand wagen; aber da die Gefahr von dem Wolfe sehr drohend war, trat endlich Tyr heran und legte seine Hand in Fenris Rachen. Nun banden die Götter den Wolf an zwei Felssteinen fest. Der Unhold schüttelte sich und rüttelte an der Fessel, aber je mehr er sie zu zerreißen strebte, desto fester wurde sie. Alle Götter lachten, als sie das sahen, nur Tyr nicht — er mußte seine Hand im Maule des Fenriswolfs lassen.

Wie Tyr, so war auch Baldr ein Gott des lichten Himmels und der Sonne. Schon sein Name bezeichnet ihn als den Hellen, Glänzenden. Er war so schön von Angesicht und so licht, daß heller Glanz von ihm ausging. Eine Blume mit gelber Mitte und weißen Strahlenblüten heißt im Norden noch heute nach ihm die Baldrsbraue. Dabei aber war er kriegerisch und ein guter Reiter wie Freyr, der ihm seinem Wesen nach eng verwandt ist. Als kriegerischer Sonnengott erscheint er noch in der älteren Gestalt des Baldrmythus.

Baldr gewann die schöne Nanna zur Gattin. Sein Gegner, der finstre Hod, strebte gleichfalls nach Nannas Besitz, doch durfte er es lange nicht wagen, mit Baldr den Kampf aufzunehmen. Erst als es ihm gelungen war, das Schwert Mistilteinn zu erwerben, griff er Baldr an und erschlug ihn; Nanna aber starb aus Trauer über den Tod des Gatten. Baldr wurde gerächt von seinem Bruder Wali, der den Hod niederstreckte. Ein Tages- oder Jahreszeitenmythus wird sich hinter dieser Göttergeschichte verbergen: Am Morgen oder zu Beginn des Frühlings gewinnt der Sonnengott Baldr die jungfräuliche Erdgöttin (Nanna). Am Ende des Tags oder des Sommers verfällt er den Mächten des Dunkels; bei Anbruch des Tags oder des neuen Frühlings rächt Wali, die neue Sonne, den Bruder und tritt selbst an seine Stelle.

In der Spätzeit des Heidentums vergaß man die kriegerische Seite in Baldrs Wesen mehr und mehr und legte ihm dafür rein geistige Tugenden bei. Er wurde nunmehr der weiseste und beredteste der Asen genannt und ein guter Richter. Kein andrer Ort war von Freveln so frei als seine Wohnung Breidablik, d. i. Breitglanz. Deshalb ward er auch geliebt von Göttern und Menschen.

Sein Tod durch Hod wurde mit jüngern Sagenzügen ausgeschmückt und aufgefaßt als das drohende Anzeichen dafür, daß einst das Reich der Götter untergehen werde und die Welt mit ihnen. Baldrs Gegner Hod trat nun zurück; man dachte ihn sich als blind und als das unschuldige Werkzeug des bösen Gottes Loki. Die Waffe, durch die Baldr fiel, war nicht mehr ein Schwert mit Namen Mistilteinn, d. i. Mistelzweig, sondern ein wirklicher Mistelzweig. Allen Wesen der Welt hatte Baldrs Mutter Frigg Eide abgenommen, daß sie ihrem Sohne nicht schaden würden, nur das unscheinbare Pflänzlein auf der Höhe der Bäume hatte sie vergessen. Loki hatte das in Erfahrung gebracht, und als die Götter durch Schießen und Stechen erprobten, ob Baldr wirklich unverletzlich sei, trat er zu Hod und reichte ihm den Mistelzweig zum Schusse. Das Unglücksgeschoß durchsauste die Luft, und Baldr sank tot zu Boden. In dieser jüngern Gestalt fand der Baldrmythus Aufnahme in die nordische Darstellung vom Werden und Vergehen der Welt, die wir weiter unten mitteilen werden.

Baldr war ein vortrefflicher Richter. Daher gab man ihm als Sohn den Forseti bei, den schon sein Name als den Vorsitzenden im Gericht kennzeichnet. Er besaß den Saal Glitnir (den Glänzenden), der auf Goldsäulen ruhte und mit Silber gedeckt

war. Dort pflegte Forseti sich aufzuhalten und die Fehden gütlich beizulegen. Im Norden spielte dieser Gott keine große Rolle; dagegen ward er in friesischen Landen unter dem Namen Fosite hoch verehrt, und auf Helgoland, das nach ihm in alter Zeit Fositesland hieß, war ihm ein Tempel und eine Quelle geweiht. Auf ihn wird auch die schöne Sage vom Ursprung des friesischen Rechts zu beziehen sein. Einst verlangte Karl der Große von den zwölf friesischen Gesetzsprechern, daß sie ihn lehrten, was bei ihnen zu Lande Rechtens sei. Sie erbaten sich zwei Tage und dann noch drei als Frist. Als sie aber am sechsten Tage den Wunsch des Königs nicht erfüllen konnten, wurden sie in ein Schiff ohne Ruder, Segel und Taue gesetzt und sollten so ins Meer hinaustreiben. Während sie nun voll Verzweiflung im Schiffe saßen, gesellte sich ein dreizehnter zu ihnen. Er hatte eine Art Ruder bei sich und brachte sie glücklich ans Land. Dort lehrte er sie alles, was Rechtens war, und dann verschwand er. Die Zwölfe aber traten vor Karl, der sie längst ertrunken wähnte, und was sie als Recht verkündeten, das bestätigte der König. So hatte der Gott selbst den Seinen das Recht gebracht.

Dem Götterherrscher Odin stand als Gattin Frigg, die deutsche Frija, zur Seite. Freilich war sie an ihn erst von dem alten Himmelsgotte Tiw abgetreten, dem sie vorher als Gemahlin angehörte. Als Frau des Himmelsgottes könnte sie ursprünglich eine Göttin der Erde oder der Sonne gewesen sein. Für das letztere spricht ihr glänzender Halsschmuck, das Brisingamen, in dem man ein Abbild der Morgen- und Abendröte sieht. Auch wegen ihrer Wohnung Fensalir hat man sie als Sonnengöttin gedeutet: Frigg, die in Fensalir, den Meersälen, zur Ruhe geht, mag die Sonne sein, die am Abend ins Meer versinkt. Aber die naturmythische Grundlage ist bei Frigg sehr verblaßt und von geringer Bedeutung für das Wesen der Göttin, wie es uns in der nordischen Dichtung entgegentritt.

Wenn die Dichter des Nordens in Odin das erhöhte Bild eines irdischen Fürsten entwarfen, zeichneten sie in Frigg die ideale Hausfrau und Fürstin. Schon ihr Name bedeutet nichts anderes als Geliebte, Gemahlin. Als Odins Gattin war sie seine Vertraute in allen Dingen; mit ihm nahm sie oft auf Hlidskialf Platz, wenn er auf die Erde hinabschaute; sie kannte die Schicksale der Menschen so gut wie er selber, doch pflegte sie nicht in die Absichten ihres Mannes einzugreifen. Wenn Odin zu einer gefährlichen Unternehmung sich rüstete, wie einst zum Weisheitskampfe mit dem Riesen Wafthrudnir, so fragte er vorher auch seine Gattin um ihre Ansicht; sie äußerte dann wohl zunächst ihre Bedenken, gab aber, wenn Odin sich gleichwohl zu der Reise entschlossen zeigte, ihm die besten Wünsche mit auf den Weg. Zuweilen kam auch eine kleine Trübung des guten Verhältnisses zwischen den Gatten vor: so einst, als Odin seinem Schützling Geirrod zu der Herrschaft verholfen hatte, die eigentlich Friggs Freunde Agnar gebührte. Wir haben gesehen, wie Frigg mit echt weiblicher List ihrem Gatten eine Demütigung zu verschaffen wußte für sein Unrecht. Viele der Asen hießen Söhne Odins und der Frigg, keinen aber liebte die Göttin mehr als den kühnen und reinen Baldr. Sie suchte ihn vor dem frühen Tode zu schützen, und als er dennoch dahingesunken war, beweinte sie den Verlust schmerzlich in ihrer Wohnung Fensalir und suchte den Verlornen aus dem Reiche der Hel zurückzuerlangen.

Frigg war die Göttin der Ehe; insbesondere verlieh sie den Gatten Kindersegen und half den Frauen bei der Geburt. König Rerir, Sigmunds Großvater, und seine Gattin hatten lange keine Kinder. Das gefiel ihnen wenig, und sie baten die Götter inbrünstig, daß sie ihnen ein Kind schenken möchten. Frigg und Odin erbarmten sich ihrer, und Frigg sandte ihre Dienerin mit einem Apfel zu Rerir. Die Dienerin nahm die Gestalt einer Krähe an und flog zu dem Könige, der auf einem Hügel in der Nähe seines Gehöftes saß. Sie ließ ihm den Apfel in den Schoß fallen. Rerir glaubte zu wissen, was das zu bedeuten habe; er nahm den Apfel und brachte ihn seiner Frau. Als sie davon gegessen hatte, wurde der sehnliche Wunsch der Gatten erfüllt.

Die Hausfrau Frigg stellte man sich mit Spindel und Rocken vor. Das Schlüsselbund an ihrem Gürtel zeigte, daß sie alle Vorräte des Hauses unter ihrem Verschluß hatte. Friggs Kammermädchen war Fulla; sie trug die Lade mit Friggs Kleinodien und Gewändern und bewahrte ihr Schuhzeug. Auch war sie die Vertraute der großen Göttin und half ihr, wenn es einmal galt, den Gemahl zu überlisten. Als Botin wurde Gna von Frigg ausgesandt; sie hatte ein Roß, das durch die Luft und über das Meer zu schreiten vermochte und Hofwarpnir, d. i. Hufwerfer hieß.

FREYJA.

Ein Gegenstück zu Frigg war die Wanengöttin Freyja, Niords Tochter und die Schwester Freyrs. Auch sie war eine Sonnengöttin; als Mardoll, die Meerglänzende, erhob sie sich am Morgen aus der See. Auch sie war mit dem Geschmeide Brisingamen geschmückt. Sie oder Frigg hat man auch in der Menglod zu suchen, der Halsbandfrohen, von der ein Lied der Edda berichtet. Swipdag, d. i. der schnelle Tag, der Tagesgott also, zog aus, um Menglod, die Jungfrau Sonne, zu gewinnen. Wohl ausgerüstet mit den Zauberliedern und guten Wünschen seiner Mutter Groa, gelangte er ins Riesenland und zu dem Berge, auf dem Menglod ruhte, von einem Feuerwall umschlossen. Hier traf er den Wächter Fiolswid; er nannte sich Windkald und fragte, wie man in die Burg gelangen könne. Umständlich war des Wächters Antwort, aber ihr Sinn doch nur der, daß ein Eindringen unmöglich sei. Nur einer, sagte er, dürfte hinein, Swipdag, der der sonnenhellen Maid zum Gemahl bestimmt sei. Jetzt nannte Swipdag seinen wahren Namen. Da sanken die Flammen, weit öffnete sich Thür und Thor, und die Sonnenjungfrau Menglod eilte herbei, den ersehnten Bräutigam zu begrüßen.

Die Wanengöttin Freyja mag ursprünglich bei den ingwäischen Völkern an der Nordsee in gleicher Weise als Göttin der Sonne verehrt sein, wie die Frija bei den übrigen Germanen. Im Norden hat sie sich zu einer Göttin der Schönheit und der Liebe entwickelt. Man pflegte sie anzurufen, wenn man jemandes Liebe gewinnen wollte. Wenn Freyja eine Reise machen wollte, legte sie ihr Federgewand an, oder sie bestieg ihren Wagen, der mit zwei Katzen bespannt war.

Man kann die nordische Liebesgöttin wohl der griechischen Aphrodite vergleichen, und wie dieser, sagten ihr die Dichter gern leichte Abenteuer nach. Da sie die schönste der Asinnen war, erweckte sie vor allen die Liebeslust der täppischen, derben Riesen. Als Hrungnir trunken ward in der Halle der Götter, drohte er, er wolle die Asen töten und Freyja und Sif mit sich fortnehmen in sein Reich. Der Riesenfürst Thrym gedachte, Thors Hammer, den er entwendet hatte, nur herauszugeben, wenn man ihm Freyja als Gattin zuführe. Doch vertritt Freyja nicht nur die begehrende und genießende, sondern auch die sehnende Liebe. Sie vermählte sich mit einem Manne, der Od hieß, und hatte mit ihm zwei Töchter. Od zog fort in ferne Lande, Freyja weinte ihm nach, und ihre Thränen waren rotes Gold. Sie machte sich auf, den Od zu suchen und kam so zu vielen fremden Völkern, aber den Geliebten fand sie nicht wieder.

Zu Odin gehörte Frigg als Gemahlin, zu Freyr, der meist für unvermählt gilt, trat seine Schwester Freyja, Thors Gattin hieß Sif. Sif war ursprünglich eine Erdgöttin. Aus Bosheit schnitt Loki ihr das schöne, goldgelbe Haar ab. Als Thor das merkte, ergriff er den Loki und wollte ihm jeden Knochen im Leibe zerschlagen. Der aber flehte um Schonung und schwur, er wolle von den Zwergen der Sif einen goldenen Haarschmuck herstellen lassen, der auch weiter wachsen solle wie gewöhnliches Haar. Damit gab sich Thor zufrieden, Loki aber führte aus, was er versprochen hatte. — In dem goldenen Haar der Erdgöttin wird man das wogende Ährenfeld sehen dürfen.

Sif war außerdem, wie ihr Name besagt, die Schirmerin der Sippe, der Verwandtschaft, die Hüterin der Keuschheit. Sie war die strengste und reinste der Asinnen, und nur lose Spötter wie Loki wagten es, ihre Treue gegen Thor in Zweifel zu ziehen.

Sif, die Göttin der Keuschheit, tritt als die dritte zu Frigg, der Göttin der Ehe, und Freyja, der Göttin der Liebe.

Das Element des Wassers war verkörpert in Aegir und seiner Gattin Ran. Der Name des Gottes ist mit „der Wassermann" zu übersetzen. Als Vertreter des wilden, erregten, den Menschen feindlichen Meeres war Aegir ein Riese; aber das Meer tobt nicht immer, es trägt auch auf seinem breiten Rücken die Schiffe von Land zu Land und fördert die Absichten der Menschen; daher war er zugleich ein Gott und nahm an den Zusammenkünften der Asen teil. Man stellte sich ihn vor als einen alten Mann mit weißem Bart und Haupthaar.

Aegir besaß einen gewaltigen Braukessel, der als ein Sinnbild des sommerlichen Meeres aufzufassen ist. Wenn der Winter die weite Wasserfläche mit Eis bedeckte, dann war der Kessel dem Gotte gestohlen und in den Besitz des Winterriesen Hymir gekommen. Thor mußte ausziehen, um ihn wieder heimzuholen. Wenn das Meer vom Eise befreit, der Kessel wieder zurückgebracht war, rüstete Aegir den Asen ein prächtiges Gastmahl in seiner Halle. Das Bier trug sich selber auf, und im übrigen war für die Gäste durch zwei viel gelobte Diener, Fimafeng und Eldir, wohl gesorgt. Statt des Feuers diente helles Gold zur Beleuchtung; damit mag das versunkene Gold gemeint sein, das man bei windstiller See in der Tiefe zu sehen glaubt, oder der perlende Schimmer, der bei leicht bewegter Oberfläche auf dem Meere erglänzt.

In Aegirs Frau Ran, d. i. der Räuberin, traten die feindlichen Seiten des Meeres deutlicher hervor. Mit weit geöffnetem Rachen suchte sie das gefährdete Schiff zu verschlingen oder es mit ihren Krallen zu packen. Die Ertrinkenden fing sie in ihrem Netze ein und zog sie zu sich hinab in ihre kühle Wohnung. Dort war für die Männer, die im Wasser umkamen, eine Halle gerüstet, ähnlich wie Walhall für die Kampftoten. Man lebte nicht schlecht da unten; denn ein reiches Gelage erwartete die Gäste, und Hummer und Dorsch waren da im Überfluß.

Neun Töchter hatten Aegir und Ran, die Wellen; nach alter Seemannsmeinung ist jedesmal die dritte Welle stärker als die vorhergehenden, und die neunte soll wieder die acht andern an Größe übertreffen. Rans Töchter arteten ganz nach ihrer Mutter. Besonders hatten sie es auf junge, schmucke Bursche abgesehen und suchten sie zu sich in die Tiefe zu ziehen.

Aegir und die Seinen sind eine junge nordische Schöpfung; sie traten an die Stelle älterer Wasserwesen, die noch heut in der Sage und im Märchen fortleben. Von riesischer Art ist das Meerungetüm Grendel, das in dem altenglischen Heldengedicht Beowulf auftritt. Grendel ist eine Personifikation des Wassers, das das niedrige Gestade überflutet und tückisch die Arbeit des Menschen und oft auch ihn selber vernichtet. Der Unhold hauste in der Tiefe eines Sumpfes ganz nahe dem Meere; in seiner Halle da drunten brannte ein bleiches Feuer, und an ihren Wänden hingen als Schmuck die Waffen längst gestorbener Ungeheuer. Wenn die Nacht sich auf die Erde niedersenkte, stieg er aus dem Sumpfe empor und schlich sich nach dem prächtigen Festsaal des Dänenkönigs. Dort ergriff er jedesmal dreißig der Mannen, die in der Halle schliefen, tötete sie und schleppte ihre Leichen zum Fraße mit sich fort. Die Dänen vermochten es nicht, das Unheil abzuwenden, und so lag das Haus ihres Herrschers lange Zeit öde und verlassen da, bis Beowulf, der schwedische Held erschien und waffenlos den Grendel erlegte. — Wenn Grendel als ein Riese geschildert wird, so sind die Wasser-

RAN AEGIR

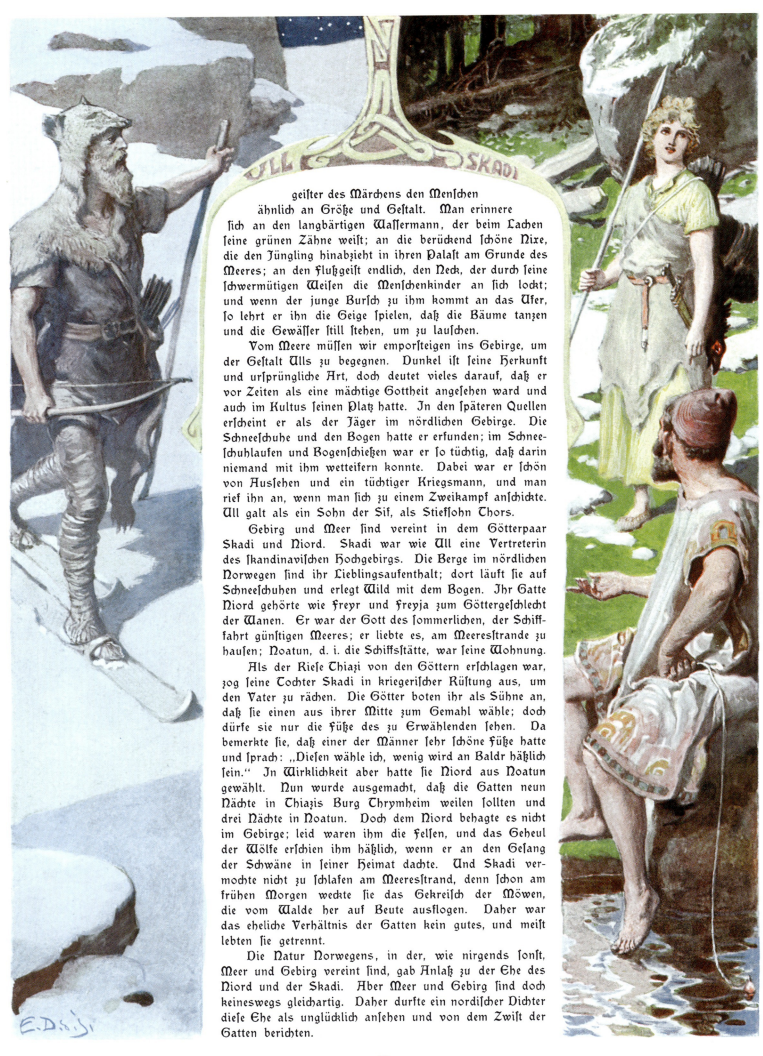

geister des Märchens den Menschen ähnlich an Größe und Gestalt. Man erinnere sich an den langbärtigen Wassermann, der beim Lachen seine grünen Zähne weist; an die berückend schöne Nixe, die den Jüngling hinabzieht in ihren Palast am Grunde des Meeres; an den Flußgeist endlich, den Neck, der durch seine schwermütigen Weisen die Menschenkinder an sich lockt; und wenn der junge Bursch zu ihm kommt an das Ufer, so lehrt er ihn die Geige spielen, daß die Bäume tanzen und die Gewässer still stehen, um zu lauschen.

Vom Meere müssen wir emporsteigen ins Gebirge, um der Gestalt Ulls zu begegnen. Dunkel ist seine Herkunft und ursprüngliche Art, doch deutet vieles darauf, daß er vor Zeiten als eine mächtige Gottheit angesehen ward und auch im Kultus seinen Platz hatte. In den späteren Quellen erscheint er als der Jäger im nördlichen Gebirge. Die Schneeschuhe und den Bogen hatte er erfunden; im Schneeschuhlaufen und Bogenschießen war er so tüchtig, daß darin niemand mit ihm wetteifern konnte. Dabei war er schön von Aussehen und ein tüchtiger Kriegsmann, und man rief ihn an, wenn man sich zu einem Zweikampf anschickte. Ull galt als ein Sohn der Sif, als Stiefsohn Thors.

Gebirg und Meer sind vereint in dem Götterpaar Skadi und Niord. Skadi war wie Ull eine Vertreterin des skandinavischen Hochgebirgs. Die Berge im nördlichen Norwegen sind ihr Lieblingsaufenthalt; dort läuft sie auf Schneeschuhen und erlegt Wild mit dem Bogen. Ihr Gatte Niord gehörte wie Freyr und Freyja zum Göttergeschlecht der Wanen. Er war der Gott des sommerlichen, der Schiffahrt günstigen Meeres; er liebte es, am Meeresstrande zu hausen; Noatun, d. i. die Schiffsstätte, war seine Wohnung.

Als der Riese Thiazi von den Göttern erschlagen war, zog seine Tochter Skadi in kriegerischer Rüstung aus, um den Vater zu rächen. Die Götter boten ihr als Sühne an, daß sie einen aus ihrer Mitte zum Gemahl wähle; doch dürfe sie nur die Füße des zu Erwählenden sehen. Da bemerkte sie, daß einer der Männer sehr schöne Füße hatte und sprach: „Diesen wähle ich, wenig wird an Baldr häßlich sein." In Wirklichkeit aber hatte sie Niord aus Noatun gewählt. Nun wurde ausgemacht, daß die Gatten neun Nächte in Thiazis Burg Thrymheim weilen sollten und drei Nächte in Noatun. Doch dem Niord behagte es nicht im Gebirge; leid waren ihm die Felsen, und das Geheul der Wölfe erschien ihm häßlich, wenn er an den Gesang der Schwäne in seiner Heimat dachte. Und Skadi vermochte nicht zu schlafen am Meeresstrand, denn schon am frühen Morgen weckte sie das Gekreisch der Möwen, die vom Walde her auf Beute ausflogen. Daher war das eheliche Verhältnis der Gatten kein gutes, und meist lebten sie getrennt.

Die Natur Norwegens, in der, wie nirgends sonst, Meer und Gebirg vereint sind, gab Anlaß zu der Ehe des Niord und der Skadi. Aber Meer und Gebirg sind doch keineswegs gleichartig. Daher durfte ein nordischer Dichter diese Ehe als unglücklich ansehen und von dem Zwist der Gatten berichten.

Zu den Gehöften der Götter, zu Odins und Aegirs Saal, müssen wir uns zurückwenden, um ein anderes Ehepaar anzutreffen, Bragi, den Gott der Dichtkunst, und Idun, die Göttin der Jugend.

Odin hatte den Dichtermet aus der Gewalt der Riesen befreit und davon freigebig Göttern und Menschen gespendet. Er ist also eigentlich selbst der Gott der Dichtung. Als aber sein Saal Walhall mehr und mehr wie die Halle eines irdischen Fürsten ausgestattet wurde, da durfte auch der Hofdichter, der Skalde, nicht fehlen. Daher wurde der älteste der Skalden, Bragi, der zu Beginn des neunten Jahrhunderts lebte, in den Kreis der Götter erhoben. Er erschien den Dichtern als ein langbärtiger Alter; weise war er, redeklug und sprachgewandt wie kein andrer. Wenn neue Gäste in Walhall angekündigt waren, pflegte Odin mit ihm Rats über deren Empfang. Trat der Erwartete in die Halle, so erhob sich Bragi auf Odins Wink, reichte dem Gaste den Willkommenstrunk und wies ihm seinen Platz beim Gelage an.

Bragis Gattin Idun bewahrte in ihrer Truhe die Äpfel, von denen die Götter genossen, wenn sie zu altern begannen; dann wurden sie wieder jung und stark. Einst war Loki in die Gewalt des Riesen Thiazi geraten und hatte, um seine Freiheit wiederzuerlangen, versprechen müssen, die Idun mit ihren Äpfeln dem Riesen auszuliefern. Zur verabredeten Stunde lockte er die Göttin aus Asgard hinaus in einen Wald; er sagte, er habe Äpfel gefunden, die ihr sehr kostbar erscheinen würden, und bat sie, ihre eigenen Äpfel mitzunehmen, damit sie einen Vergleich anstellen könne. Idun schenkte unvorsichtig genug den Worten Lokis Glauben; kaum war sie in dem Walde vor Asgard angelangt, da erschien der Riese Thiazi in Adlersgestalt, ergriff sie und flog mit ihr fort nach seinem Gehöft im Riesenlande. Nach dem Verschwinden der Idun erging es den Göttern schlimm; denn sie wurden schnell alt und grau. Da traten sie zu einem Thing zusammen und fragten nach, wer die Idun zuletzt gesehen habe; es stellte sich heraus, daß sie mit Loki zusammen aus Asgard fortgegangen sei. Als die Götter das erfuhren, ergriffen sie den Loki und bedrohten ihn mit Marter und Tod, wenn er ihnen die Idun nicht zurückbrächte. Eingeschüchtert durch diese heftigen Worte, entlieh Loki Freyjas Federkleid, und als Falke flog er nordwärts gen Riesenheim, bis er zur Wohnung des Thiazi kam. Der Riese war auf die See hinausgerudert, und Idun war allein zu Hause. Loki verwandelte sie in eine Nuß, packte diese mit der Klaue und flog, so schnell er konnte, heimwärts. Als Thiazi nach Hause kam und die Idun vermißte, nahm er Adlersgestalt an und flog hinter Loki her. Die Götter bemerkten, wie der Falke und der Adler hinter ihm sich Asgard näherten. Sie nahmen Holzspäne und häuften sie draußen am Burgthor auf. Wie nun der Falke herankam, senkte er seinen Flug und glitt durch das Thor hinein, und der Adler wollte ihm folgen. In diesem Augenblick zündeten die Asen die Holzspäne an, sodaß Thiazis Gefieder Feuer fing und man ihn leicht fangen und töten konnte. Noch einmal also waren die Götter gerettet; Idun konnte ihnen von neuem Jugend verleihen, und Bragi erfüllte durch seinen Sang ihr Herz mit Freude und Mut.

ANDVARIS FLUCH

Doch das Verderben lauerte im Kreise der Götter selbst. Denn der tückische Loki sann längst darauf, wie er die Götter stürzen und ihre schöne Schöpfung, die Welt, vernichten könnte. Allerdings war er nicht von vornherein der Feind der Götter; zunächst galt er als der Gott des Feuers und der Wärme. Darauf deuten seine Namen Loki, d. i. der Lohende, Lopt, d. i. der Luftige, und Lodur, d. i. Gott der Hitze. Die wohlthätige, aber auch die verderbliche Gewalt des Feuers war in ihm verkörpert. Daher zählte er zu den Göttern, aber er wurde auch als ein Riese angesehen oder doch zu riesischen Wesen in nahe verwandtschaftliche Beziehung gesetzt. Unter den Göttern standen ihm Thor und Odin am nächsten. Wir haben gesehen, daß er Thor mehrfach auf seinen Fahrten begleitete. Wenn aber Thor und Loki zusammen auszogen ins Riesenland, wer wollte in ihnen da nicht den Donner sehen und seinen Gefährten, den Blitz? Auch Odin wurde Lopts Freund genannt: Wind und Feuer wirken oft zusammen. Schon in der Urzeit hatten Odin und Loki Blutsbrüderschaft geschlossen. Auf die vom Rasen entblößte Erde hatten sie gemeinsam ihr Blut tropfen lassen und dabei geschworen, daß keiner von ihnen Speise oder Trank berühren wollte, wenn sie nicht auch dem andern geboten würden. Als treu verbündete Genossen hatten sie dann manche Fahrt gemeinsam unternommen.

Einst kamen sie, noch von Hönir begleitet, an einen Fluß und gingen an ihm entlang bis zu einem Wasserfall. Am Uferrand saß Otr, der die Gestalt einer Otter angenommen hatte; er hatte einen Lachs gefangen und verspeiste ihn mit behaglichem Blinzeln. Loki warf einen Stein nach dem Kopfe Otrs und tötete ihn. Er rühmte sich seiner Jagdbeute, weil er mit einem Wurfe die Otter und den Lachs erlegt hatte. Die Götter nahmen die beiden Tiere mit sich und wanderten weiter, bis sie zu einem Hause kamen, das der Bauer Hreidmar und seine Söhne Fafnir und Regin bewohnten. Sie baten den Bauer um ein Nachtlager; die Abendkost, sagten sie, hätten sie selber mitgebracht, und dabei zeigten sie ihre Jagdbeute. Als Hreidmar die Otter erblickte, rief er seine beiden Söhne herbei und sagte ihnen, daß ihr Bruder Otr von den drei Wanderern erschlagen sei. Danach gingen der Bauer und seine Söhne auf die Asen los, ergriffen sie und banden sie. Die Götter erboten sich, für die Tötung des Otr eine so große Buße zu erlegen, als Hreidmar bestimmen würde; dies Anerbieten wurde zum Vertrag erhoben und durch Eide befestigt. Die Otter wurde abgezogen, Hreidmar nahm ihren Balg und verlangte, daß die Götter ihn mit Gold füllten und auch von außen ganz mit Golde bedeckten; damit solle die Ermordung des Otr gesühnt sein. Das Gold herbeizuschaffen, wurde Loki von Odin ausgesandt.

Der listige Gott begab sich nun zu dem Wasserfall, in dem der zauberkundige Zwerg Andwari als Hecht umherschwamm. Loki griff ihn mit der Hand und verlangte von ihm, daß er, um sein Leben zu lösen, alles Gold herausgebe, das er in seiner Felswohnung bewahrte. Der Zwerg versprach das, und als Loki ihn losgelassen hatte, trug er seine reichen Vorräte an Gold heraus und übergab sie dem Gotte. Nur einen kleinen Goldring suchte er in der Hand zu verbergen; aber Loki bemerkte es und forderte, daß er auch diesen hergebe. Der Zwerg bat, er möge ihm diesen Ring nicht nehmen, da er durch ihn seinen Besitz wieder mehren könne. Aber unbarmherzig riß Loki auch den Ring an sich. Da wandte sich der Zwerg zürnend seiner Felswohnung zu und sprach im Fortgehen den Fluch aus, daß der Ring jedem den Tod bringen solle, der ihn erhielte.

Mit dem Schatze Andwaris kehrte Loki zurück zu der Wohnung des Hreidmar. Die Asen füllten nun den Otterbalg mit dem Golde, stellten ihn auf die Füße und bedeckten ihn ganz mit Gold. Dann trat Hreidmar hinzu; er bemerkte, daß noch ein Barthaar herausblickte, und verlangte, daß auch dieses verhüllt werde. Von den Schätzen Andwaris war nur noch der Ring übrig geblieben; mit

LOKIS GEZÜCHT

ihm mußte Odin das Barthaar decken; Loki aber gab den Fluch weiter, den der Zwerg auf seinen Ring gelegt hatte: dem Hreidmar wie seinen Söhnen werde er den Tod bringen. — Das Wort des Zwergs erfüllte sich schnell; Hreidmar ward von Fafnir ermordet, den Fafnir tötete Sigurd, er selbst fiel durch seine Schwäger, und noch weiter wirkte die grause Verwünschung.

Bei Hreidmar hatte Loki den Göttern aus der Klemme geholfen, freilich war auch er es gewesen, der die Otter tötete und dadurch die Gefahr heraufbeschwor. Hier wie in anderen Fällen war der leichte, bewegliche, listige Gesell, selbst wenn er mit den Göttern im Bunde stand, ein unsicherer Freund und Gefährte.

Aber er hatte noch eine zweite, schlimmere Seite. Das Feuer ist auch das gefährliche, vernichtende Element, und die Germanen glaubten, daß Feuer schließlich einmal die Welt verzehren werde. Daher galt Loki zugleich als der Feind der Götter, und die schlimmsten Ungeheuer wurden als seine Kinder angesehen. Mit der Riesin Angrboda, d. i. der Kummerbringerin, hatte er drei Nachkommen erzeugt, den Fenriswolf, die Midgardsschlange und die Hel. Zuerst wurden die drei bei ihrer Mutter im Riesenlande aufgezogen. Als aber die Götter durch Orakel erfuhren, daß ihnen von diesen Kindern großes Unheil drohe, ließ Odin sie zu sich holen. Die Schlange warf er ins Meer; da wuchs sie so gewaltig, daß sie alle Länder umspannte und sich selbst in den Schwanz beißen konnte. Sie ist ein Sinnbild des länderumgürtenden Meeres, aber des Meeres, das den Menschen feindlich gesinnt ist, des Wassers, das einst mit dem Feuer im Bunde die Welt vernichten sollte. Ihr Gegner war Thor. Schon einmal — auf dem Fischfang mit Hymir — hatte er das Ungeheuer bekämpft, beim Weltende sollte er ihm nochmals gegenübertreten.

Das zweite Kind Lokis und der Angrboda war Hel. Sie schleuderte Odin hinab in die Nebelwelt, die im äußersten Norden gelegen war, und verlieh ihr die Herrschaft über die Toten. Ihr Name zeigt die Verhehlende, Verbergende an; sie ist nichts anderes als die persönlich aufgefaßte Hölle, denn das deutsche Wort Hölle entspricht dem nordischen Hel genau. Durch tiefe, dunkle Thäler führte der Weg zu ihrem Reich und ihrem hohen Hause. Dort versammelten sich in geräumiger Halle die Toten. Ursprünglich kamen wohl alle dahin, die von der Erde abgeschieden waren; später, als die Waffentoten gen Walhall ritten, die Seetoten bei der Ran Aufnahme fanden, mußte sich Hel mit den Menschen begnügen, die an Krankheiten oder Altersschwäche starben. Verschieden malten sich die Dichter die Wohnung der finstern, bleichen Todesgöttin aus: Einmal wird gesagt, die Wände ihrer Halle seien geflochten aus Schlangenleibern und durch die Luftlöcher im Dache fielen Gifttropfen in das Innere. Sonst aber wird Hels Saal geschildert als eine Fürstenhalle, die kaum weniger prächtig geschmückt war als Walhall. Aber mochte auch der Aufenthalt daselbst nichts sonderlich Abschreckendes haben: Hel war doch die Todesgöttin, die Feindin aller lebenden Wesen; man machte sie daher mit gutem Recht zur Tochter Lokis und schrieb ihr einen Anteil an dem kommenden Weltende zu.

Der dritte Sproß Lokis war Fenrir oder der Fenriswolf. Sein Name und seine Art sind nicht so durchsichtig wie die seiner Geschwister. Vielleicht darf man ihn als das Dunkel deuten, das alles Licht verschlingt. Es wird einmal von ihm gesagt, daß er einst die Sonne verschlucken werde; sonst erscheint er freilich als Vater der Wölfe, die die Sonne verfolgen. Seine Gegnerschaft zu Tyr mag aus der Zeit stammen, wo man Tyrs noch als des alten Lichtgotts gedachte. Und wenn im letzten Kampf Fenrir den Odin verschlingt, so darf man in Odin wohl den Sonnengott, in Fenrir den Dämon des Dunkels sehen.

Einstweilen hatten die Götter Lokis böse Nachkommen zur Ruhe gebracht; die Midgardsschlange lag im Meere, Hel saß in der Tiefe, der Wolf war durch ein starkes Band auf einsamer Insel an

LOKI BEI AEGIRS GASTMAHL

zwei Felssteine gefesselt. Aber Loki selbst war noch frei, und er wirkte langsam fort an dem nahenden Verderben.

Sein eigentlicher Gegner unter den Göttern war Heimdall, d. i. der über der Welt glänzende, der Gott der Morgenfrühe. Von neun Schwestern war er geboren, den Wellen, aus denen sich der junge Tag erhebt. Er bedurfte weniger Schlaf als ein Vogel, sah bei Tage eben so gut wie bei Nacht und hörte das Gras auf der Erde und die Wolle auf den Schafen wachsen. Daher war er zum Wächter der Götter ausersehen. Himinbiorg, d. h. die Himmelsberge, hieß seine Wohnstätte; sie war am Ende der Brücke Bifrost, des Regenbogens, gelegen. Dort wachte er Tag und Nacht, damit die feindlichen Riesen keinen Einfall ins Götterreich versuchten. Von dort sah er auch einst, wie der tückische Loki das Brisingamen, den kostbaren Halsschmuck, den er der Freyja entwendet hatte, hinter einer Meeresklippe fern im Westen verbarg. In Robbengestalt eilte er dorthin und kämpfte mit Loki, der sich gleichfalls in eine Robbe verwandelte, einen harten Kampf. Es gelang ihm, dem Räuber das Halsband wieder abzunehmen. — Das Halsband ist ein Symbol der Morgen- und Abendröte: von dem feindseligen Loki wird es am Abend entwendet, von dem Gott der Frühe am Morgen wieder zurückgewonnen.

Den schlimmsten Frevel beging Loki damals, als er den Tod Baldrs verschuldete. Auf diese Unthat folgt in den mythologischen Darstellungen meist die Bestrafung und Fesselung Lokis. Doch hat ein vortrefflicher nordischer Dichter ihn noch einmal der Versammlung der Götter gegenüber gestellt und durch kecke Spottreden aller Zorn herausfordern lassen.

Alle Götter hatten sich bei dem Meeresgotte Aegir zu einem Gelage versammelt, bis auf Thor, der gerade gen Riesenheim gezogen war. Die Bewirtung war vortrefflich in Aegirs goldglänzender Halle, und die Götter waren froh und guter Dinge. Da erschien Loki vor Aegirs Hause; Eldir, des Meergotts Diener, vermochte es nicht, ihm den Eintritt zu wehren. Als Loki in der Thür sich zeigte, verstummten alle Götter. Er aber trat herein und bat, halb demütig, halb höhnisch um einen Platz beim Gelage. Da erhob sich Bragi, der die Gäste zu begrüßen pflegte, und wies ihn mit kurzen Worten weg. Doch so leicht war Loki nicht einzuschüchtern; er wandte sich an Odin und erinnerte ihn daran, daß sie einst in der Vorzeit Blutsbrüderschaft mit einander geschlossen hätten. Peinlich war es Odin, so an die alte Freundschaft gemahnt zu werden; er mußte nun, wenn auch ungern, dem Schlimmen einen Platz anweisen. Er winkte seinem Sohne, dem starken, aber schweigsamen Widar; dieser erhob sich, bot seinen Sitz dem Ankömmling und reichte ihm einen Becher Biers zum Willkommen. Scheinbar freundlich begrüßte Loki die Götter, nur einen nahm er aus, den Bragi. Der dienstfertige Bragi war schnell bereit, für seine Worte Buße zu erlegen, aber als er dafür nur schlimme Vorwürfe zu hören bekam, brauste er heftig auf. Seine Gemahlin Idun suchte die Streitenden zu versöhnen, aber auch sie trafen spitze Worte aus Lokis Mund. Ebenso versuchten die andern Götter vergeblich, Frieden zu stiften, und bald war ein heftiger Wortstreit im Gange. Allen zeigte sich der schlaue Loki an Witz und Redegewandtheit weit überlegen. Den Göttern warf er Feigheit und arge Unthaten, den Göttinnen eheliche Untreue vor. Keine der Anschuldigungen entbehrte ganz einer Grundlage, aber fast überall verdrehte er unschuldige Vorgänge zu Verbrechen. Die vor-

Loki und Sigyn

nehmen Asen behandelte er mit spitzem Spott, die kleinen mit verächtlichem Hohn.

Fast alle waren vor Lokis Worten verstummt, da trat Sif, die keusche Gattin Thors, mit einem Becher Mets auf ihn zu, bot ihm zu trinken und bat, wenigstens sie allein ungeschmäht zu lassen. Zuerst that Loki so, als wolle er die Bitte der Göttin erfüllen, dann aber kam der Vorwurf desto verletzender heraus: mit ihm selbst habe sie dem Thor die Treue gebrochen. Da erdröhnten die Berge, und auf seinem Wagen kehrte der Donnerer heim. Mit drohendem Wort und geschwungenem Hammer vertrieb er Loki aus der Halle. Zurückweichend vor dem Gewaltigen, konnte Loki doch kleine Schmähungen auch gegen ihn nicht unterdrücken, aber er räumte schnell das Feld; denn er wußte wohl, daß Thor kräftig zuschlug.

Da nun Loki sah, daß die Götter sehr zornig auf ihn waren und ihn zu strafen gedachten, flüchtete er sich auf einen Felsen. Dort baute er sich ein Haus mit vier Thüren, sodaß er nach allen Himmelsrichtungen ausschauen konnte. Am Tage nahm er oft die Gestalt eines Lachses an und hielt sich in dem Wasserfall Franangr versteckt. Odin erblickte ihn von Hlidskialf aus, und so kamen die Asen mit einem Netz hin, um ihn zu fangen. Auf der Höhe des Wasserfalls warfen sie das Netz aus und zogen es flußabwärts bis zum Meer. Loki aber legte sich zwischen zwei Steine, und das Netz ging über ihn hinweg. Die Asen merkten das, und daher beschwerten sie das Netz, als sie zum zweiten Mal damit abwärts schritten, durch ein Gewicht, so daß man nicht darunter wegschlüpfen konnte. Loki schwamm eine Weile vor seinen Verfolgern her; aber als er in die Nähe des Meeres kam, sprang er über das Netz hinweg und kehrte nach dem Wasserfall zurück. Die Asen sahen ihn schwimmen. Sie warfen das Netz zum dritten Male aus und zogen es stromabwärts; Thor aber watete mitten im Flusse. Nun sah Loki, daß er in der größten Gefahr war; wenn er ins Meer hinausschwamm, so war das sein sicherer Tod; wenn er über das Netz wegsprang, so mußte er fürchten, von Thor aufgefangen zu werden. Er wagte den Sprung, Thor aber hatte wohl aufgepaßt; er griff das Fischlein mit der Hand, und wenn es auch hindurchzugleiten suchte, hielt er es doch am Schwanze fest.

Nun war Loki gefangen und durfte auf keine Schonung hoffen. Die Asen führten ihn in eine Höhle. Darin richteten sie drei Felssteine in die Höhe und schlugen in jeden eine Vertiefung. Sie fingen die beiden Söhne Lokis und seiner Gattin Sigyn ein und verwandelten den einen von ihnen in einen Wolf. Der stürzte sich in blinder Gier auf seinen Bruder und zerriß ihn. Aus den Därmen des Getöteten drehten sie eine Fessel und banden damit den Gott auf die drei Felssteine; der eine stand unter seinen Schultern, der andere unter seinen Lenden, der dritte unter seinen Kniegelenken; die Fesseln aber wurden zu Eisen. Da nahm Skadi, die dessen gedachte, daß Loki einst ihres Vaters Tod verschuldet hatte, eine giftige Schlange und befestigte sie über dem schlimmen Gotte, so daß das Gift aus dem Schlangenmaul ihm ins Antlitz tropfte. Seine Gattin Sigyn saß bei ihm und hielt eine Schale über seinem Haupt, um die Gifttropfen aufzufangen. Wenn die Schale voll war, ging Sigyn, sie auszugießen; dann tropfte das Gift in Lokis Antlitz, und er schüttelte sich so gewaltig, daß die ganze Erde erbebte. Man nennt das Erdbeben.

Wenn aber die Zeit des Weltuntergangs kommen wird, dann reißt auch Loki sich los und tritt seinem alten Gegner Heimdall zum letzten Kampfe gegenüber.

Auch die Südgermanen haben über das Schicksal der Welt, ihren Anfang, ihre Entwicklung, ihr Ende nachgedacht. Von dem Ursprung der Götter und Menschen handelt die Tuistosage: Der Erdensohn Tuisto ist, wie wir gesehen haben, das älteste aller Wesen und der Vater des Mannus. Dessen Söhne Irmin, Ing, Istw tragen die Beinamen hoher Götter und sind die Stammväter mächtiger Germanenstämme. Für die Vorstellung vom Untergang der Welt ist im Süden allein das Wort Muspilli Zeuge.

Wenn auch ein ungünstiges Geschick uns Deutsche fast aller poetischen Denkmäler aus der Zeit des Heidentums beraubt hat, so dürfen wir doch mit Sicherheit annehmen: Die Südgermanen besaßen hymnische Preislieder auf ihre Götter, die sie beim Gottesdienste zu singen pflegten. Sie hatten ferner dichterische Darstellungen von Mythen und Göttersagen, in denen wohl der Dialog in Versen, die verbindende Erzählung in Prosa gegeben wurde. Sie haben

als er mit seinem Römerheer bis zur Elbe vorgedrungen war, ihm die Umkehr gebot und ihm verkündete, daß das Ende seiner Thaten und seines Lebens nahe herangekommen sei. Weit berühmter als diese namenlose Wahrsagerin war Weleda, die vornehme Jungfrau aus dem Lande der Brukterer, die von vielen fast wie eine Göttin verehrt ward. Sie wohnte auf einem Turm an der mittleren Lippe. Kein Fremder durfte ihr von Angesicht zu Angesicht gegenübertreten; ein Mann ihres Geschlechts überbrachte ihr die Geschenke und Anliegen der Fragesteller und trug diesen auch die Antworten wieder zu. Keiner wagte es, gegen ihre Aussprüche zu handeln. Während des Aufstandes der Bataver unter Julius Civilis (69 n. Chr.) weissagte sie den Germanen den Sieg und Rom den Untergang. Ihr Ansehen hielt den Mut ihrer Landsleute lange aufrecht; als aber die Römer dennoch siegten, wurde sie als Gefangene nach Rom geschleppt.

Die Weissagerinnen spielten in der Spätzeit des nordischen

endlich möglicherweise auch die Weltschöpfung in Versen geschildert und sich den Weltuntergang prophetisch ausgemalt. Aber gleichwohl haben sie kaum die Höhe der geistigen und künstlerischen Bildung erreicht, um die vereinzelten Vorstellungen von Göttern und Götterschicksal kunstvoll in ein Ganzes zusammenfassen zu können. Die nordischen Dichter, die die Gestalt Odins so reich ausstatteten, die ihren Freund Thor so charakteristisch gestalteten, die manchem der kleinern Götter individuelle Züge zu leihen verstanden, besaßen auch die philosophischen und dichterischen Fähigkeiten, um es wagen zu dürfen, ein Bild der Weltentwicklung zu entwerfen. Ihr Wagnis ist glänzend gelungen; wir verdanken ihm die hervorragendste Dichtung des alten Nordens wie des germanischen Altertums überhaupt, die Woluspa, d. i. die Weissagung der Wolwa. Kaum ein anderes Volk der Erde kann sich einer religiösen Urkunde rühmen, die in gleicher Weise Tiefsinn und künstlerische Vollkommenheit in sich vereint.

Die Kunde von den Schicksalen der Welt wird einer Wolwa, einer Wahrsagerin, in den Mund gelegt. Es war von jeher die Meinung der Germanen, daß den Frauen etwas Heiliges und Vorahnungsvolles innewohne; daher genossen die Weissagerinnen bei unserm Volke schon damals, als es gerade in die Geschichte eintrat, das höchste Ansehen. Eine germanische Seherin war jenes Weib von übermenschlicher Größe, das sich dem Drusus entgegenstellte,

Heidentums nicht mehr eine so bedeutsame Rolle wie jene Weleda; aber gleichwohl wurden die Wolwen, die mit ihrem Gefolge von Haus zu Haus zogen, auch damals noch hoch geschätzt. Wenn eine Wolwa sich dem Gehöft des Bauern nahte, wurde sie feierlich eingeholt. Abenteuerlich war die Kleidung dieser Frauen. Eine von ihnen pflegte einen dunkelblauen Mantel zu tragen, dessen Rand mit Steinen besetzt war. Um den Hals hatte sie eine Kette von Glasperlen, ihre Mütze war aus schwarzem Lammsfell gefertigt und mit weißem Katzenpelz gefüttert. In der Hand trug sie einen mit Messing beschlagenen Stab. Der Hausherr begrüßte sie freundlich und ließ ihr genau die Bewirtung zuteil werden, die sie selber begehrte. Wenn die Zeit der Weissagung gekommen war, nahm sie auf einem Zaubersessel Platz. Mit ihrem Gefolge sang sie die Lieder, die die Geister herbeilocken sollten. Diese enthüllten ihr die Zukunft; und wenn dann die Mitglieder des Hauses voll Ehrerbietung vor sie traten, konnte sie ihnen Auskunft geben über ihr Schicksal.

Der Dichter der Woluspa hat die Gestalt der Wahrsagerin weit über alles Menschliche erhöht, indem er sie zu einer Riesin machte. Die Riesen sind infolge ihres gewaltigen Körperumfangs plump und ungeschickt, und man schreibt ihnen daher vielfach nur geringe geistige Gaben zu. Fast sämtliche Gegner Thors sind

DER URRIESE YMIR

Vertreter des Typus der dummen Riesen. Aber die Riesen sind zugleich die ältesten aller mit Geist begabten Wesen; sie haben das Werden und Wachsen der Welt und der Götter von frühester Zeit an miterlebt und können daher andererseits auch als die wissensreichsten aller Geschöpfe gelten. Hymir heißt der weise Riese; Wafthrudnirs Wissen wird allein von dem Odins übertroffen; die Wolwa kennt alle Geschicke der Welt genau so gut wie der Götterherrscher selber. Von Odin selbst aufgefordert, nimmt sie auf ihrem Sessel Platz, um ihren Hörern — der ganzen Menschheit, die ihren Worten lauscht — die Schicksale der Welt und der Götter zu verkünden. Die Einzelheiten des Götterlebens sind ihren Zuhörern wohl vertraut, nur den sinnvollen Zusammenhang will sie ihnen deuten. Daher verweilt sie nirgends bei dem einzelnen; nur die Hauptpunkte steigen in scharfer Beleuchtung vor ihrem sinnenden Auge empor, und nur diese giebt sie in prachtvollen Strophen wieder.

Der moderne Leser verfügt nicht mehr über das Wissen der alten Nordleute; wir werden demnach die andeutende Darstellung der Seherin aus dem Schatze der Ueberlieferung füllen müssen. Dabei ist jedoch Folgendes zu beachten: Die einzelnen Mythen und Göttergeschichten, die der Dichter der Woluspa zu einem Ganzen zusammenfügte, hatten sich lange selbständig fortentwickelt; sie passen daher nicht so genau zu einander, als es nach den Worten der Wolwa scheinen könnte. Wenn wir nun die einzelnen Geschichten in der Reihenfolge, wie die Wolwa sie berührt, erzählen, so kann diese Darstellung nicht die gleiche Einheitlichkeit zeigen wie die große nordische Dichtung; sie kann die Woluspa nicht ersetzen, sondern nur in sie einführen.

In der Urzeit gab es weder die Erde noch den Himmel droben, weder Sand noch See, noch kühle Wogen. Gähnender Abgrund war alles — Ginnungagap, wie die Nordleute sagten. Hoch im Norden war Niflheim gelegen, die kalte Welt des Nebels, tief im Süden Muspellsheim, die Welt des Feuers. Von Niflheim gingen zwölf bitterkalte Ströme aus, die Eliwagar; in der Mitte des Weltraums aber erstarben sie zu Eis. Aus Muspellsheim flogen Funken und Feuerteilchen nach Norden. Sie berührten das Eis in Ginnungagaps Mitte und erweckten die toten Massen zum Leben. Durch das Zusammenwirken der nördlichen Kälte und der südlichen Wärme entstand das Urwesen, der Riese Ymir, d. i. der Rauscher. Er ist ein Abbild des noch ungestalteten Weltstoffs. Als er einst schlief, geriet er in Schweiß; da wuchs ihm unter dem linken Arm ein Mann und ein Weib, und einer seiner Füße zeugte mit dem andern einen Sohn. So entstand das Geschlecht der Riesen.

Von der Herkunft der Götter ist in den Mythen der ältern Zeit nichts überliefert; nur werden sie mehrfach als die Söhne des Bur bezeichnet. Vielleicht hat man mit Recht vermutet, daß sie ursprünglich aus dem Nichts hervorgegangen und plötzlich dagewesen sind. Wunderlich genug ist, was späte Mythendichter über ihren Ursprung fabelten. Ymir lebte von der Milch der Kuh Audumla; sie selber nährte sich, indem sie an den salzigen Eismassen leckte. Am ersten Tage, als sie leckte, kam das Haar eines Mannes zum Vorschein, am zweiten Tage der Kopf und am dritten der ganze Mann. Er hieß Buri und wurde der Vater des Bur; Bur aber erzeugte mit einer Riesentochter die drei Götter Odin, Wili und We.

Odin und seine Brüder töteten den Riesen Ymir. Aus der unförmigen Masse hoben sie die feste Erdscheibe empor; aus dem

Das goldene Zeitalter

Fleiſche bildeten ſie die Erde, aus den Knochen die Berge, aus den Haaren die Bäume; aus dem Blute ſchufen ſie das Meer und legten es im Kreiſe um das feſte Land. Aus dem Schädel des Rieſen verfertigten ſie den Himmel und ſetzten ihn wie ein Dach über die Erde. Das Hirn warfen ſie in die Luft, und daraus ſind die ſchweren Wetterwolken entſtanden. Sie fingen Funken aus Muspellsheim auf und bildeten daraus die Sonne, den Mond und die Sterne. Von Süden her ſchien die Sonne auf den ſteinigen Boden; da ſproß aus dem Grunde das grüne Kraut hervor. — Schlimm war es den Nachkommen Ymirs bei der Weltſchöpfung ergangen. Bei der Tötung des Rieſen lief ſoviel Blut aus ſeinem Körper, daß ſie alle darin ertranken bis auf den Bergelmir. Es ſcheint, daß dieſer damals noch ſehr jung war und, in einer Wiege ſchwimmend, die Sintflut überlebte, die durch das Blut Ymirs entſtanden war. Von ihm ſtammte das jüngere Rieſengeſchlecht ab.

Im Himmel droben erbauten ſich die Götter ihre Wohnſtätte Asgard, und in deren Mitte errichteten ſie Odins Hochſitz Hlidſkialf. In den Nordoſten der Erdſcheibe, in die Gegend der Fels- und Eismaſſen, verbannten ſie das Rieſengeſchlecht. Den kleinen Weſen, die gleich Maden im Leibe Ymirs gehauſt hatten, gaben ſie Verſtand und reiche Kunſt und nannten ſie Zwerge; ſie wieſen ihnen im Schoße der Erde, in Felſen und Hügeln ihre Wohnung an. In der Mitte der Erde gründeten die Götter den herrlichen Midgard und umgaben ihn mit einem ſchützenden Wall aus den Wimpern des Rieſen, dem Urwald. Den Midgard aber gaben ſie den Menſchen zu eigen.

Die drei Götter Odin, Hönir und Lodur kamen einſt auf einer Wanderung an den Meeresſtrand. Hier fanden ſie zwei Weſen ohne Lebenskraft und Lebensbeſtimmung, Ask und Embla; es iſt ungewiß, ob man darin zwei Bäume, die Eſche und die Ulme, zu ſehen hat oder zwei Holzfiguren, die etwa die kunſtreichen Zwerge geſchnitzt hatten. Ohne Atem, ohne Seele, ohne Lebenswärme ſtanden ſie da; den Atem verlieh ihnen Odin, die Seele Hönir, Lodur die Wärme, die Gebärden und blühende Farben. In Midgard ſollten ſie hinfort wohnen; ſie ſtanden den Göttern am nächſten und erfreuten ſich ihres beſonderen Schutzes. Ask und Embla wurden die Ureltern des ganzen Menſchengeſchlechts.

Ein ſeliges Leben führten die Aſen damals; auf dem Idafelde, dem Felde der Thätigkeit, brachten ſie in emſiger Arbeit ihre Tage zu; ſie bauten Werkſtätten, legten Schmiedeeſſen an und erfanden künſtliches Handwerksgerät. Viele trefflichen Bauwerke gingen damals aus ihren fleißigen Händen hervor. Altäre errichteten ſie und bauten einen prächtigen Tempel, worin einem jeden von ihnen ſein Platz angewieſen war. Odins herrlichen Saal, die goldglänzende Walhall, führten ſie auf, und jeder der Götter erhielt ſein Gehöft und ſeine Halle. Himmel und Erde verbanden ſie durch die beſte der Brücken, Bifroſt, d. i. den ſchwankenden Weg. Dieſe Brücke — ſie iſt das mythiſche Bild des Regenbogens — war dreifarbig und ſehr ſtark und mit größerer Kunſt angelegt als alle andern Bauwerke. Doch wird ſie dereinſt zerbrechen, wenn die Feuerrieſen darüber reiten, um die Götter anzugreifen im letzten Kampf. Wenn ihre Arbeit gethan war, verſammelten ſich die Aſen auf einem weiten Hofe. An heiterm Geplauder erfreuten ſich die einen, die andern ergötzten ſich am Brettſpiel mit goldenen Tafeln. Ohne Ziel und ohne Begehren, aber daher auch ohne Sorge und ohne Schuld lebten damals die Götter dahin. Ihr Daſein war geteilt zwiſchen freudiger Arbeit und heiterm Spiel.

Die Nornen und die Weltesche

Doch nicht lange sollte das goldene Zeitalter währen. Jenes selige Leben, das erfüllt war von Freude an der Arbeit und Freude am Spiel, mußte ein Ende nehmen, sobald das Begehren in die Welt kam. Wenn zwei dasselbe erstrebten, mußte Uneinigkeit und Streit entstehen, und auf den Streit folgte unabwendbar der Tod. Den heiteren Stunden gesellten sich nun auch die düsteren zu. Begehren, Streit und Tod, die Mischung froher und trüber Zeit sind es, die wir das Schicksal nennen. Daher ist es tiefsinnig und poetisch zugleich, wenn die Wolwa das Ende des goldenen Zeitalters ankündigt durch das Erscheinen der Schicksalsfrauen oder Nornen, der drei übermächtigen Mädchen aus dem Riesenlande. Sie hießen Urd, Werdandi und Skuld, und man darf sie als die Nornen der Vergangenheit, Gegenwart und Zukunft deuten. Urd war die älteste und vornehmste unter ihnen; sie war — wie wir gesehen haben — auch den andern Germanenstämmen unter dem Namen Wurd oder Wyrd bekannt, und in der nordischen Dichtung kommt sie oft allein als die Vertreterin des Schicksals vor. Die Nornen erscheinen bald spinnend und webend, bald schneiden sie die Runenstäbe und werfen das Los. Sie bestimmten dem einzelnen die Zeit der Geburt, zeichneten ihm den Lebensweg vor und setzten ihm die Todesstunde fest. Ihrem Ausspruche vermochte niemand sich zu entziehen. Ja selbst die Götter waren ihren Entscheidungen unterworfen: auch die Schicksale und das Ende der Götter und der Welt, die sie beherrschen, bestimmten die Nornen.

Ihre Wohnung nahmen sie am Fuße des Weltbaums, der Esche Yggdrasil. Der Name des Baums stammt her aus dem Mythus von Odin am Weltbaum: Yggdrasil, das Roß Yggs, des Schreckers, d. i. Odins, bedeutet den Baum, an dem Odin hing. Aber die Vorstellung von der Weltesche gehört nicht allein dem Odinsmythus an, sie hat ihren tiefen und schönen Sinn für sich. Die Esche Yggdrasil, die mit ihren weit ausladenden Zweigen die ganze Welt überschattet, ist ein Bild des wohlgeordneten, in allen Teilen sich kräftig fortentwickelnden Weltganzen. Von weißem Naß ist der immer grüne Baum benetzt; daher kommt der Tau, der die irdischen Thäler befeuchtet. An seinem Fuße murmelt ein frischer Quell, der Ursprung aller Gewässer. Der weise Wassergeist Mimir hütet diesen Quell, doch werden auch die Nornen als seine Pflegerinnen genannt.

In den obern Zweigen der Esche sitzt ein Adler, dem große Weisheit verliehen ist: er scheint ein Sinnbild der immer wachen Sorge der Götter für die Welt. Doch auch feindliche Mächte bedrohen den Baum. Vier Hirsche fressen mit aufwärts gebogenem Hals seine jungen Triebe ab, und an den Wurzeln nagt der schädliche Drache Nidhogg mit anderem bösen Gewürm. Die Seite des Baums, die dem Winde und Regen ausgesetzt ist, beginnt allgemach zu faulen. Und damit die Feindschaft nicht aufhöre zwischen den erhaltenden und zerstörenden Mächten, läuft das Eichhorn Ratatosk (Nagezahn) geschäftig auf und ab zwischen der Spitze und den Wurzeln des Baums und trägt dem Adler und dem Drachen die gehässigen Worte zu, die beide übereinander äußern.

Die Erscheinung der Nornen, die Weltesche, die von feindlichen Gewalten bedroht ist, beide lassen Schlimmes befürchten für die Zukunft der Welt. Bald naht auch das Böse dem Götterstaat.

Der Wanenkrieg

Eine schlimme Hexe erschien bei Göttern und Menschen; wie eine reisende Wolwa streifte sie von Gehöft zu Gehöft; überall ward sie gut empfangen; sie übte Zauber und lehrte ihn diejenigen, die sie aufnahmen. Gullweig war sie geheißen, die Goldkraft, und ihr Auftreten bedeutet das erwachende Begehren nach Gold und Besitz. In der Halle Odins ward sie ergriffen, mit Speeren gestoßen und dreimal im Feuer verbrannt, aber jedesmal erstand sie wie neugeboren; — auch das Gold wird mehrfach im Feuer geläutert. Gullweig, die Vertreterin des Goldes, gehörte zu dem Göttergeschlecht der Wanen, die wir als Schützer des Handels und der Schiffahrt kennen; man hat vermutet, daß sie eins ist mit der Wanengöttin Freyja.

Als die Wanen von der üblen Behandlung ihrer Verwandten hörten, rüsteten sie ein Heer, um die Asen zu bestrafen. Odin zog mit seinen Scharen den Wanen entgegen; vor Beginn des Kampfs schleuderte er nach altgermanischer Sitte den Speer über die Feinde und weihte sie damit dem Kriegsgotte als ein Opfer. Aber das Glück war ihm diesmal nicht hold. Die Wanen behaupteten das Feld, ja sie durchbrachen die Mauer, die die Götterburg schützte, und drangen in Asgard selber ein. Nun mußten die Asen um Frieden bitten; beide Göttergeschlechter traten zur Beratung zusammen und überlegten, ob die Asen den Wanen Zins zahlen sollten, oder ob beide Geschlechter sich vereinen und gemeinsam die Verehrung der Menschen entgegennehmen sollten. Das letzte wurde beschlossen, und um den Frieden zu sichern, wurden Geiseln ausgetauscht: Der Wane Niord wurde unter die Asen aufgenommen, und der Ase Hönir trat an seiner Stelle in die Reihe der Wanen. Seitdem bildeten Asen und Wanen einen gemeinsamen Götterstaat unter Odins Leitung.

Der erste Krieg, der ausgefochten wurde zwischen den zwei Göttergeschlechtern selbst, ward also hervorgerufen durch das Gold. In dem ersten glücklichen Zeitalter war das Gold ein Spielzeug gewesen in den Händen der Götter; als es mit dem Erscheinen der Gullweig zum Gegenstand des Begehrens wurde, ward es zugleich der Ursprung alles Übels. Daß das Gold das Böse in der Welt hervorruft, ist überhaupt germanische Anschauung. Wir finden sie wieder in der Nibelungensage: Als der Zwerg Andwari dem Loki seinen Schatz hergeben muß, legt er einen Fluch darauf. Und dieser Fluch erfüllt sich schrecklich, denn jeder der Helden, die den Schatz des Zwergs erlangen, verfällt nach kurzer Frist dem Tode.

Das erste Unrecht aber zieht weiteres mit Naturnotwendigkeit nach sich. Die Götter mußten daran denken, die Mauer Asgards, die im Wanenkriege gesunken war, neu zu errichten. Ein riesischer Baumeister erbot sich, ihnen in drei Halbjahren eine Burg zu bauen, die allen Feinden Trotz bieten könne; als Lohn dafür verlangte er Freyja zur Gemahlin, die Sonne und den Mond. Die Götter berieten lange hin und her, was zu thun sei. Schließlich gingen sie auf die Forderung des Riesen ein unter der Bedingung, daß er die Burg in einem Winter fertig stelle; falls am ersten Sommertage noch irgend etwas fehle an dem Bau, solle er seines Lohnes verlustig gehen; auch solle er von niemand Hilfe haben bei der Arbeit. Der Riese verlangte dagegen, daß ihm wenigstens sein Roß Swadilfari helfen dürfe. Loki riet, daß man ihm in diesem Punkte nachgebe. Dann wurde der Vertrag von allen Göttern beschworen, nur von Thor nicht, denn dieser weilte damals fern von dem Götterlande. Der Riese begann seine Arbeit am ersten Wintertage; er baute des Tags, in der Nacht aber führte er auf seinem Rosse gewaltige Steinmassen herbei. Fast schien es den Göttern, als ob das Roß doppelt so viel leistete als der Mann. Gegen Ende des Winters war der Bau weit vorgeschritten und so hoch

und stark, daß er jedem Anfall widerstehen konnte. Drei Tage vor Sommersanfang fehlte nur noch das Burgtor. Da wurden die Götter besorgt; sie versammelten sich zur Beratung und besprachen die Gefahr, die ihnen von dem Verlust Freyjas und der Gestirne drohe. Sie erinnerten sich, daß Loki zu dem verhängnisvollen Vertrage geraten habe, und bedrohten ihn mit dem Tode, wenn er nicht weiter helfe. Ängstlich versprach Loki unter einem Eide, er wolle es dahin bringen, daß der Riese seinen Vertrag nicht einhalten könne. Am selben Abend, als der Baumeister mit seinem Pferde auszog, um neue Steine zu holen, kam aus dem Walde eine Stute gelaufen. Sobald Swadilfari dies bemerkte, zerriß er seine Leine und lief der Stute nach, die sich wieder dem Walde zuwandte. Der Baumeister wollte sein Roß fangen und eilte hinterdrein. Sie liefen die ganze Nacht, sodaß währenddessen die Arbeit ruhte, und auch am nächsten Tage wurde nicht soviel geschafft wie früher. Als der Riese merkte, daß er den Bau nicht zur festgesetzten Zeit beenden konnte, geriet er in gewaltigen Zorn; die Götter aber, die sich jetzt nicht mehr durch ihre Gelübde gebunden glaubten, riefen Thor herbei. Schnell war er auf seinem Wagen zur Stelle und zahlte dem Baumeister mit tödlichen Hammerschlägen den Lohn für seine Arbeit. Seitdem war Feindschaft zwischen Thor und den Riesen.

Das Schicksal war in die Welt gekommen, die Gier nach Gold hatte alle Wesen ergriffen; der erste Krieg hatte die beiden Göttergeschlechter einander als Feinde gegenübergestellt, und er breitete sich bald auch unter den Menschen aus; Kampf war ausgebrochen zwischen den Göttern und den feindlichen Riesen. Längst war das heitere Lachen der Götter auf dem Idafelde verhallt, und Odin, der treu sorgende Götterfürst, mußte daran denken, sein Reich zu sichern gegen die zukünftigen Gefahren.

Damals suchte er Mimir auf, den weisen Herrn der Gewässer, und erbat seinen Rat; doch mußte er ihm dafür eins seiner Augen hingeben — die Sonne, die sich im Wasser spiegelt. Mimir aber begießt seither aus Odins Pfande den Weltbaum mit dem frischen Naß des Quells — Sonnenschein und Wasser wirken zusammen, um den Weltbaum in frischem Grün zu erhalten. Auch zur Wolwa ging Odin, der allweisen Riesentochter, die in der Nacht draußen saß am Kreuzweg, um die Zukunft zu erkunden; auch mit ihr sprach er von den Gefahren, die das Götterreich bedrohten. Die Kenntnis der frühesten Dinge hatte sie von ihren Vorfahren überkommen, die meisten Schicksale der Welt hatte sie miterlebt, und ihr Blick, den die sinnende Betrachtung der Vergangenheit und Gegenwart geschärft hatte, drang weit vor in die zukünftigen Zeiten. Daher konnte sie auf Odins Fragen sichere Auskunft geben, und der Gott lohnte ihre Lehre mit reichen Geschenken, einem Halsband und goldenen Ringen.

Was war es nun aber, was Odin von dem weisen Wassergeiste, von der klugen Wolwa erfuhr, was er dem einen durch ein schweres Opfer, der anderen durch kostbare Gaben vergalt? Einmal das Schicksal der Götter und der Welt, die Kunde von ihrem Verfall und ihrem Ende. Dann aber auch die Mittel, das Schicksal aufzuhalten, das Götterreich noch lange zu schützen gegen die feindlichen Gewalten. Mit den Besuchen bei Mimir und der Wolwa setzt die erschütternde Tragik ein im Leben des Göttervaters. Er allein unter allen Göttern weiß es, daß es mit seinem Reiche zu Ende gehen wird. Keine Hoffnung auf Rettung ist ihm mehr gegeben. Aber gleichwohl wirft er sich allein dem drohenden Verderben entgegen und sucht durch Herrscherweisheit und Fürstenkraft seinem Reiche eine möglichst lange Dauer zu sichern.

Zunächst galt es, eine tüchtige Streitmacht zu sammeln gegen die feindlichen Mächte. Daher erzog Odin junge Krieger und Königssöhne zu gewaltigen Helden und nahm sie nach ihrem Tode in Walhall auf, damit es ihm nicht an Kämpfern fehle, wenn einst die Stunde der letzten Entscheidung naht. Er suchte die Unholde unschädlich zu machen, die seinem Reiche gefährlich werden konnten. Loki hatte von der Riesin Angrboda drei furchtbare Kinder, den Fenriswolf, die Midgardsschlange und die Hel. Der sorgende Odin hatte von den Ungeheuern erfahren und ließ sie nach der Götterwelt bringen. Die Hel verbannte er in die Tiefe nach Niflheim und gab ihr die Herrschaft über die Toten. Die

BALDRS TOD

Midgardsschlange warf er ins Meer; dort wuchs sie zu gewaltiger Länge, bis sie die ganze Erde umspannte. Den Fenriswolf banden die Götter mit einer starken Fessel; freilich büßte Tyr dabei seine rechte Hand ein.

So waren die Ungetüme zeitweilig unschädlich gemacht; aber wehe der Welt, wenn sie einst loskamen und sich gegen die Götter erhoben! Und der schlimmste von allen, ihr Vater Loki, war noch frei und lebte im Kreise der Götter selbst, Unheil stiftend, doch auch wieder beseitigend, wenn man ihn kräftig bedrohte. Aber eine Unthat verübte er, für die es keine Sühne gab, als er dem allgeliebten Baldr den Tod riet.

Einst wurde Baldr durch schreckhafte Träume geängstigt, und er erzählte den Göttern davon. Seine Mutter Frigg, die ihn über alles liebte, nahm allen Wesen der Welt Eide ab, daß sie dem Baldr nicht schaden wollten. Feuer und Wasser, das Eisen und alle Erze, die Erde und die Steine, die Bäume, Tiere, Vögel und Schlangen, ja alle Krankheiten schwuren, daß sie dem guten Gotte kein Leid anthun würden. Danach versammelten sich die Asen auf dem Thingplatz und begannen, um Baldr zu erheitern, ein seltsames Spiel. Der Gott mußte sich in die Mitte des Platzes stellen; von den Göttern schossen die einen nach ihm, die andern schlugen nach ihm, die dritten warfen ihn mit Steinen. Nichts von alledem schadete ihm, und die Götter freuten sich dessen. Nur der böse Loki war unzufrieden; in der Gestalt eines alten Weibes ging er in die Wohnung der Frigg und fragte sie, was denn die Götter auf dem Thingplatze trieben. Frigg antwortete: „Alle schießen sie nach Baldr, aber ihm können weder Waffen noch Bäume den Tod bringen, denn von allen habe ich Eide empfangen." Die Frau fragte weiter, ob sie auch kein Ding der Welt vergessen habe. Frigg dachte eine Weile nach, dann sagte sie: „Westlich von Walhall wächst eine Pflanze, die Mistelzweig heißt; sie erschien mir zu jung, um sie in Eid zu nehmen." Nun wußte Loki, was er zu wissen begehrte. Schnell holte er den Mistelzweig und eilte damit zum Thingplatz. Dort trat er hinter den blinden Hod, der abseits stand vom Kreise der Männer und sich an dem Spiele nicht beteiligte. Er fragte ihn: „Weshalb schießest du denn nicht auch nach Baldr?" Jener erwiderte: „Weil ich ihn nicht sehen kann und auch waffenlos bin." Loki sprach: „Thu doch wie die anderen Männer. Ich werde dir die Richtung geben, wo er steht! Schieße nach ihm mit dieser Gerte!" Hod nahm den Zweig und that, wie Loki ihn geheißen hatte. Das Unglücksgeschoß durchsauste die Luft und durchbohrte Baldr. Als die Asen ihren Liebling fallen sahen, da versagten ihnen die Worte. Alle sahen sie einander an, und jeder wußte, wer die Unthat begangen hatte; aber doch durften sie Loki nicht ergreifen, denn der Thingplatz der Götter war eine heilige Friedensstätte. Als sie endlich zu sprechen versuchten, brachen sie alle in Thränen aus, sodaß sie einander nichts sagen konnten von ihrem Leid. Am größten aber war Odins Schmerz; denn er wußte am besten, wieviel die Asen durch Baldrs Hingang verloren hatten. Als die Götter wieder zu sich gekommen waren, fragte Frigg, ob einer unter ihnen sei, der sich ihre Huld und Dankbarkeit erwerben wolle; der solle zur Hel hinabreiten und der bleichen Göttin ein Lösegeld bieten, wenn sie Baldr heimwärts ziehen ließe nach Asgard. Ein Sohn Odins, Hermod der Schnelle, erklärte sich zu dieser Sendfahrt bereit. Man führte ihm Sleipnir, den Hengst Odins, vor; er schwang sich hinauf und ritt eilends abwärts zum Reiche der Hel.

Inzwischen nahmen die Asen Baldrs Leiche und brachten sie ans Meer; dort sollte er auf seinem Schiffe Hringhorni verbrannt werden. Alle Götter erschienen zu dieser Totenfeier. Odin kam dahin mit seiner Gattin Frigg, von den Walkyrien und seinen

Raben begleitet; Freyr fuhr herbei auf seinem Wagen, den der Eber Gullinbursti zog; Heimdall ritt auf seinem Rosse Gulltopp, Freyja erschien mit ihrem Katzengespann. Die Götter versuchten Hringhorni ins Meer zu stoßen, aber das Schiff rührte sich nicht. Da sandte man nach der Riesin, die Hyrrokin hieß; sie kam auf einem Wolfe herbeigeritten, der mit einer Schlange aufgezäumt war. Als sie von ihrem Reittier sprang, rief Odin vier Berserker herbei, damit sie den Wolf halten sollten; doch konnten sie das Tier nicht anders zur Ruhe bringen, als indem sie es niederwarfen. Hyrrokin packte das Schiff bei dem Vordersteven und stieß es so gewaltig vorwärts, daß Feuer aus den Rollen fuhr, auf denen es lief, und alle Lande erbebten. Thor ergrimmte ob des Übermuts der Riesin, und er hätte ihr das Haupt mit dem Hammer zerschmettert, wenn nicht die andern Götter für sie gebeten hätten. Auf dem Schiffe errichtete man einen Scheiterhaufen und legte Baldrs Leiche darauf. Als seine Gattin Nanna das sah, brach ihr das Herz vor Kummer; man bettete ihre Leiche neben die des Gemahls. Auch Baldrs Roß wurde mit dem ganzen Sattelzeug zum Scheiterhaufen geführt und getötet. Odin aber legte seinen kostbaren Ring Draupnir, von dem jede neunte Nacht acht gleich schwere Ringe tropften, als letzte Gabe neben den toten Sohn. Dann ward Feuer in die Scheite geworfen, und Thor trat mit seinem Hammer hinzu, um den Holzstoß zu weihen. Vor seinen Füßen lief ein Zwerg, Lit mit Namen; als Thor ihn bemerkte, trat er mit dem Fuße nach ihm und stieß ihn ins Feuer, daß er verbrannte. Sobald Thor die Weihe vollzogen hatte, wurden die Seile gekappt, die Hringhorni hielten, und die Wellen trugen das brennende Schiff mit dem toten Gotte hinaus in das Weltmeer.

So etwa hat ein isländischer Künstler des zehnten Jahrhunderts das Begräbnis Baldrs auf dem Wandgetäfel einer Halle dargestellt, und ein Skalde der gleichen Zeit hat diese Gemälde in einem Liede besungen. Unser Maler hat einen Teil von ihnen aus der Phantasie wieder hergestellt, in Anlehnung an jene berühmten Teppiche zu Bayeux, auf denen die Eroberung Englands durch Wilhelm von der Normandie eingestickt ist.

Hermod ritt neun Tage und neun Nächte über dunkle und tiefe Thäler, bis er zu dem Flusse kam, der das Reich der Hel von der Welt der Lebenden trennt, und zu der goldbelegten Brücke, die hinüberführt. Ein Riesenmädchen stand dort und bewachte die Brücke. Sie fragte ihn nach Namen und Geschlecht und sagte: „Gestern ritten fünf Heerhaufen toter Männer hier herüber, aber meine Brücke dröhnt ebenso stark unter dir allein; auch hast du nicht die Farbe der Toten; weshalb reitest du hierher den Weg zur Hel?" Er antwortete: „Ich reite zur Hel, um Baldr aufzusuchen; hast du ihn vorbeireiten sehen?" Das Mädchen sagte, daß Baldr über die Brücke geritten sei, und zeigte Hermod den Weg zur Behausung der Hel. Darauf ritt der Gott weiter, bis er zu der Höllenpforte kam; dort stieg er von dem Rosse ab, schnallte ihm den Sattelgurt fester, schwang sich wieder hinauf und gab dem Sleipnir die Sporen; der aber sprang mit einem kräftigen Satz über die Pforte, daß er nicht einmal daran rührte. Als Hermod zum Hause der Hel kam, stieg er ab, trat in die Halle und erblickte dort seinen Bruder Baldr, dem als dem vornehmsten Gaste der Hochsitz angewiesen war. Er blieb eine Nacht dort. Am Morgen bat er die Hel, daß Baldr mit ihm reiten dürfe, und erzählte, wie sehr die Asen um ihn trauerten. Hel sagte, man könne ja leicht erproben, ob Baldr wirklich so beliebt sei, als man sage; „wenn alle Dinge in der Welt, die lebenden und die toten, ihn beweinen, soll er heimkehren zu den Asen; dagegen muß er bei mir bleiben, wenn sich auch nur eines weigert, um ihn zu weinen." Danach

Heimdall an der Himmelsbrücke

erhob sich Hermod. Baldr geleitete ihn aus der Halle; er nahm den Ring Draupnir und sandte ihn dem Odin als Erinnerungszeichen; Nanna aber schickte der Frigg ein Kopftuch und der Fulla einen Goldreif. Darauf ritt Hermod zurück nach Asgard und sagte den Göttern, was er ausgerichtet hatte.

Die Asen sandten nun Boten aus nach den vier Himmelsgegenden, die alle Wesen bitten sollten, um Baldr zu weinen. Alle waren sie dazu bereit, und froh des guten Erfolgs wandten sich die Abgesandten heimwärts. Da kamen sie zu einer Felshöhle und fanden darin eine Riesin, die sich Thokk, d. i. das Dunkel, nannte. Sie wies die Bitte der Sendboten kalt ab, und so mußte Baldr im Reiche der Hel bleiben. Man meinte, daß die Riesin Loki gewesen sei. Den Göttern blieb nun kein anderer Trost übrig, als Rache zu üben für Baldrs Tod. Odins Sohn Wali tötete — erst eine Nacht alt — den Mörder Hod, und Loki wurde gefangen und zu furchtbarer Qual auf drei Felsen gefesselt.

Baldrs Tod und Lokis Fesselung verlegten die Nordländer noch in die Vergangenheit, in die jüngste Vergangenheit freilich. Die Gegenwart erschien ihnen als die bange Zeit, in der das Verderben näher und näher kommt und früher oder später losbrechen muß. Voll ängstlicher Spannung harren die Götter und ihre Feinde des Zukünftigen und rüsten sich zum letzten Kampf.

Fern im Osten liegt, von einem schneidend kalten Strome durchflossen, das Reich der Riesen, das von dem Riesenfürsten Hrym beherrscht wird. Dort haust in einem wilden schauerlichen Walde das Weib des Fenrir; dort hat sie auch die scheußlichen Kinder aufgezogen, die sie ihrem Manne gebar: Hati, den Wolf, der der Sonne vorauseilt, und Skoll, den Wolf, der ihr folgt, um sie einst zu verschlingen beim Weltenende. Wo das Riesenreich den Midgard berührt, sitzt auf einem Hügel der Grenzwart Egdir; übermütig singt er sich ein Lied zur Harfe, und dann späht er aufmerksam nach Süden ins Reich der Menschen und nach oben gen Asgard. — Im äußersten Norden ist das Reich der Hel gelegen. Dort leben in der hohen Halle, deren Wände aus Schlangenrücken geflochten sind, die Toten ein freudeleeres Dasein; die aber, welche sich im Leben schwerer Verbrechen, eines Meineides oder Mordes, schuldig gemacht haben, erleiden dort schreckliche Höllenstrafen: sie müssen durch reißende, eiskalte Ströme waten. An der Brücke, die über den Höllenfluß führt, hält der furchtbare Hund Garm Wache, dessen wütendes Bellen dereinst das Zeichen zum Beginn des Weltunterganges geben soll. — Tief unten im Süden liegt Muspellsheim, das Land der Feuerriesen. Der Riesenherrscher Surt selbst steht, mit seinem glänzenden Schwerte bewaffnet, als Wächter an der Grenze seines Reichs und sieht sehnsüchtig der Zeit entgegen, wo er mit den Seinen gen Asgard ausreiten wird. — Doch auch die Götter sind wachsam. An der Himmelsbrücke steht Heimdall; er blickt mit seinem durchdringenden Auge in die Weite und lauscht auf jedes Geräusch. Jetzt ist sein Horn noch verborgen am Fuße des Weltbaums, aber sobald die Stimme des Höllenhundes das Weltall durchdringt, wird er es hervorholen und damit die Götter zum letzten Kampfe rufen.

ODIN UND FENRISWOLF

FREYR UND SURT

Das nahende Ende wird dereinst angekündigt werden durch den mehr und mehr fortschreitenden Verfall der natürlichen und sittlichen Welt. Sonnenfinsternisse werden die Menschen erschrecken und übles Wetter und schlechte Jahre nach sich ziehen. Drei furchtbare Winter werden kommen, denen keine Sommer folgen; da werden Schneegestöber eintreten aus allen Himmelsgegenden; es wird starken Frost geben und heftige Stürme; die Sonne aber wird ihre Kraft verlieren. Die sittlichen Bande werden sich lockern; Brüder werden sich bekämpfen und einander zum Mörder werden, Schwestersöhne werden der Bande des Bluts nicht achten, der Ehebruch wird überhand nehmen; keiner wird mehr den andern schonen.

Mitten in die verderbte Welt hinein tönt Garms, des Höllenhundes, wütendes Gebell. Da holt auch Heimdall, der Wächter der Götter an der Himmelsbrücke, sein Horn hervor, das so lange am Fuße des Weltbaums verborgen lag; er hebt es hoch in die Luft und stößt laut hinein. Bei diesen furchtbaren Tönen werden alle Wesen von banger Furcht ergriffen. Es erzittern die Gewässer, es erschauern die Toten in Hels Reich, es bebt die gewaltige Weltesche. Odin pflegt noch einmal Rats mit Mimirs Haupte. Vergebens — er kann dem allgemeinen Aufruhr nicht mehr Einhalt gebieten. Der grimme Fenriswolf zerreißt seine Fessel und rennt zum Kampfe.

Auf der Ebene Wigrid, die hundert Meilen lang und hundert Meilen breit ist, versammelt Odin seine Getreuen. Durch Heimdalls Horn gerufen, erscheinen dort alle Götter, und auch die Einherier kommen, die sich lange vor Walhall für diesen letzten Kampf geübt haben. Es nahen die feindlichen Scharen: Von Osten her fährt Hrym, der Riesenfürst, mit seinen Mannen heran. Aufrecht steht er in seinem Schiffe Naglfar da; die rechte Hand lenkt das Steuer, die linke hält den Lindenschild. Dem Schiff zur Seite windet sich die Midgardsschlange durch die Wasser und peitscht die Wogen in wütendem Kampfzorn. Darüber krächzt der riesische Adler Hräswelg, der Leichenverschlinger, d. i. der Dämon des Windes, der die Asche des Scheiterhaufens verweht. Von Norden her kommt über die See ein Schiff mit den Leuten der Hel; der Fenriswolf ist der Führer all dieser Unholde, Loki aber, der gleichfalls seine Fesseln gesprengt hat, hat des Steuers zu walten. Von Süden her reiten die Muspellsleute, die Feuerriesen, herbei. Ihr Führer ist Surt; vor ihm und hinter ihm flammt helle Lohe empor, und sein breites Schwert glänzt wie die Sonne. Wenn die Muspellsleute über Bifröst reiten, zerbricht die Brücke unter der schweren Last. Furchtbare Folgen hat schon das Nahen der Götterfeinde: Felsen stürzen, die Riesinnen straucheln, die Menschen verfallen der Hel; ja das leuchtende Himmelsgewölbe zerbirst.

Die drei feindlichen Scharen sind nun auf Wigrid angelangt, und der Kampf beginnt. Odin stürmt den Seinen voraus; auf dem Kopfe trägt er den glänzenden Goldhelm, in der Hand hält er den Speer Gungnir. Ihm begegnet der Fenriswolf mit weit geöffnetem Rachen; mit dem Unterkiefer berührt er die Erde, mit dem Oberkiefer den Himmel, und leicht verschlingt er Odin samt seiner Rüstung. Tot ist nun der Göttervater, und Frigg, die noch immer ihren geliebten Sohn Baldr betrauert, muß jetzt auch den Verlust des Gatten beweinen. Seinen Tod wird Widar rächen, der Sohn des Odin und der Riesin Grid, der stark ist wie Thor, aber schweigsam nach der Art jugendlicher Helden. Er besitzt einen gewaltigen Schuh, der gefertigt ist aus all den Flicken, die die Menschen vor den Zehen und an der Ferse aus ihren Schuhen schneiden. Bislang hat er meist einsam sein Roß getummelt in

der heimischen Heide, die bewachsen ist mit Gestrüpp und hohem Grase; jetzt eilt er schnell herbei, voll Eifers, den Mörder des Vaters zu bestrafen. Mit dem Fuße, den der dicke Schuh schützt, tritt er dem Wolf in den Unterkiefer. Mit der linken Hand hält er den Oberkiefer des Wolfs in die Höhe, so daß dieser nicht zuschnappen kann; mit der rechten stößt er ihm durch den Rachen sein Schwert ins Herz. Dem Herrscher der Feuerriesen, Surt, tritt der Sonnengott Freyr entgegen; aber leider besitzt er seine herrliche Waffe nicht mehr, jenes glänzende Schwert, das er seinem Diener Skirnir lieh zur Werbung um die Riesentochter Gerd. Ein Mythus, den wir nicht mehr kennen, erzählte wohl, daß er es einst hingeben mußte an feindliche Mächte; möglicherweise ist es gerade in den Besitz seines Gegners Surt gelangt. So ist denn Freyr von vornherein im Nachteil, und er fällt von dem Schwerte des übermächtigen Feuerriesen.

Thor trifft auf dem Kampfplatz seine alte Feindin, die Midgardsschlange. Schon einmal hat er sie bekämpft, als er mit dem Riesen Hymir zum Fischen ausfuhr, und damals hätte er ihr Haupt, das er an der Angel emporhob, mit dem Hammer zerschmettert, wenn nicht Hymir die Angelschnur zerschnitten hätte. Jetzt hebt sie ihren furchtbaren Riesenleib hoch empor aus dem Meere und greift selber den Gott an. Thor läßt Hammerhiebe herabregnen auf ihren scheußlichen Kopf, sie aber speit auf ihn aus dem gähnenden Rachen Gift und Gluten. Betäubt taumelt der Gott neun Schritte rückwärts, dann sinkt er tot zusammen. Doch auch die Schlange darf sich nicht des Sieges freuen: der Hammer Miolnir hat sie tödlich getroffen, und ihr schwerer Leib fällt klatschend zurück in die Meeresflut.

Der Kriegsgott Tyr mag wohl wünschen, sich mit dem Fenriswolf zu messen, der ihn einst seiner rechten Hand beraubte. Aber der ist schon erlegen im Kampf mit dem starken Widar. So stürzt sich Tyr denn auf den Höllenhund Garm, der mit seinem Bellen die feindlichen Mächte zum Kampfe aufrief. Hart ist der Streit zwischen dem Gott und dem Hunde. Mit dem Schwert, das die Linke hält, führt Tyr todbringende Hiebe gegen Garm, aber auch er selbst fällt, von des Hundes scharfen Zähnen zu Tode verwundet. — Wenn Heimdall und Loki sich zu Gesicht bekommen, gedenken sie der Zeit, wo sie auf ferner Meeresklippe im Westen in Robbengestalt um das Brisingamen kämpften. Der alte Haß lodert auf, und sie eilen, den alten Streit zu erneuern: jeder von ihnen fällt durch die Hand des andern.

Nach altgermanischer Sitte stürmen die Fürsten und die Vornehmsten zuerst in die Schlacht, die Masse der Krieger folgt, und jeder sucht dem Führer nahe zu bleiben und, wenn er fällt, seinen Tod zu rächen. So auch hier im letzten Kampfe! Die Götter eilen voran, die treuen Scharen Odins, die Einherier, folgen. Auf der Erde hat Odin ihnen geholfen in ihren Schlachten, er hat sie aufgenommen in seine Walhall, hat sie lange versorgt mit Speise und Trank und sie erfreut durch reiche Geschenke. Da haben sie wohl auch beim Mettrunk Gelübde gethan, große Heldenthaten zu verrichten, wenn Odin ihrer bedürfe, und seinen Tod zu rächen, wenn er fiele. Und jetzt ist die Zeit

THOR UND DIE MIDGARDSSCHLANGE

gekommen, wo sie die Wohlthaten ihres Herrschers lohnen, wo sie ihre Gelübde wahr machen können. Odin ist gefallen: sie müssen seinen Tod rächen oder mit ihm sterben. So gehen denn die Einherier mit grimmem Mute in den Kampf; sie stürzen sich auf die andrängende Schar der Riesen und lichten ihre Reihen mit wütenden Streichen. Aber auch ihre eigene Zahl wird kleiner und kleiner, denn die Riesen sind gefährliche Gegner, und sie selber erheben sich nicht mehr nach ihrem Fall von der Erde wie damals, als sie sich vor den Thoren von Walhall im Kampfe übten. Bald stehen nur noch wenige von den Riesen, wenige auch von den Einheriern aufrecht auf der Ebene Wigrid.

Traurig sieht es drunten in Midgard aus. Schon als Surt mit den Feuerriesen gen Asgard ritt, wurden die meisten der Menschen versengt von der glühenden Hitze. Wenn aber Thor, der Schützer und Schirmer Midgards, zusammenbricht, vom Feueratem der Midgardsschlange getötet, dann müssen sie alle ihre Heimstatt räumen: das Menschengeschlecht verschwindet von der Erde. Am Himmel jagt der Wolf Skoll, des Fenrir Sohn, mordgieriger denn je hinter der Sonne drein; jetzt hat er sie erreicht und verschluckt sie mit weitgähnendem Rachen. Ein anderer Wolf aus Fenrirs Geschlecht verschlingt den Mond, und es fallen vom Himmel die hellen Sterne.

Doch wird es nicht dunkel auf der Kampfstatt. Denn Surt und die Muspellsleute werfen Feuer in die ganze Welt. Flammen und Dampf zischen überall empor, die hohe Hitze spielt züngelnd hinan bis zum Himmel selbst. Feuer fangen die Wohnungen der Menschen und Götter; ja ganz Asgard, die herrliche Götterburg, die vor Zeiten der riesische Baumeister um teuren Preis errichtete, gerät in Brand. Aus all ihren Häusern und Türmen schlagen Flammen heraus, und wie eine große Brandfackel leuchtet die brennende Götterburg über der sinkenden Welt. Und zugleich heben sich die Gewässer mählich empor; von allen Seiten rauscht es heran, schäumende Wellen steigen und steigen: die brennende Erde sinkt ins Meer. — Das ist Ragnarok, das Göttergeschick oder Götterende, oder — wie späte Mythologen irrtümlich sagten — Ragnarökk, d. i. die Götterdämmerung.

Als das Feuer und der Qualm sich verzogen hat, ist eine weite Wasserfläche alles, was übrig geblieben ist von der schönen Welt. Tot sind — so scheint es — die Götter alle, tot auch ihre Gegner, die Schar der Unholde. Soll es immer so bleiben?

Die nordische Dichtung führt noch darüber hinaus. Einst steigt aus dem Meere die Erde neu empor. Das abrinnende Wasser strömt von den Bergrücken in Sturzbächen hernieder. Adler fliegen darüber hin und stoßen nach den Fischen, die an den Bergwänden hastig abwärts gleiten. Dann treten auch die kleineren Hügel und die Ebene aus dem Wasser heraus und schmücken sich schnell mit frischem Grün. Die Asen, oder doch diejenigen von ihnen, die sich im vergangenen Leben nicht mit Schuld befleckt haben, erstehen von neuem. Der edle Baldr kehrt wieder und mit ihm Hod, der einst unschuldig seinen Tod verschuldete; sie werden als die neuen Kampfgötter in Odins Gehöften zusammen Wohnung nehmen. Es erscheinen die Söhne der Odinsbrüder Wili und We, um in Zukunft im weiten Windheim, dem Himmel, zu hausen. Ihnen gesellt sich Hönir, der hinfort den Loszweig kiesen, des Zaubers und der Weissagung walten soll. Thors Söhne Magni und Modi kehren zurück mit dem Hammer Miolnir, den einst ihr Vater besaß. Es zeigt sich die Tochter, die die Sonne gebar, ehe der Wolf sie verschlang; sie wird täglich am Himmel den Weg durchfahren, den in der Vorzeit ihre Mutter fuhr. Auch zwei Menschen haben sich wunderbar im Holze des alten Weltbaums gerettet; von ihnen wird ein neues Menschengeschlecht abstammen.

Auf dem Idafelde finden sich die Götter zusammen und erzählen sich von den Geschicken der Vorzeit, von der furchtbaren Midgardsschlange und von Odins Zauberkraft. Die goldenen Tafeln, mit denen sie einst in der Zeit der Jugend und Unschuld das Brettspiel übten, werden sich wieder im Grase finden, ein neues goldenes Zeitalter wird anbrechen für die Welt. Angesät werden die Äcker wachsen, und das Böse wird weichen vor dem Guten. An der Stelle der alten Walhall wird sich ein Saal erheben, schöner wie die Sonne, mit goldenem Dach, Gimle geheißen. Dort werden die Scharen der Tapferen hausen in Freude und Glück wie einst die Einherier in Walhall.

Wer herrschen wird in dem neuen Götterreich, wagt der nordische Dichter nicht zu entscheiden. Aber von oben her wird ein Mächtiger kommen, der über alles gebietet; er wird Rechtssprüche fällen, allen Streit schlichten und Satzungen geben, die dauern sollen.

Das Böse und der Tod hat keinen Platz mehr in der Welt. In einer großartigen Vision steigt vor dem Geiste des Woluspadichters noch einmal der arge Drache Nidhogg empor, der an Yggdrasils Wurzeln nagte und in Hels Wohnung die Leichen verzehrte. Noch einmal hebt er sich über dem Felde empor, Leichen im Fittich tragend; aber seine Zeit ist um, er muß in die Tiefe versinken!

Die nordische Dichtung, die uns Kunde giebt von der Ansicht der Germanen über die Vergangenheit, Gegenwart und Zukunft der Welt, ist entstanden zu der Zeit, als bereits christliche Priester in skandinavischen Landen ihren Glauben predigten und mancher sich der neuen Lehre zuneigte. Den Bekehrern will der Verfasser der Woluspa entgegenarbeiten; wenn er die religiösen Ideen seines Volkes in seinem Gedichte zusammenfaßt, scheint er sich damit an die Bekehrten und Schwankenden zu wenden, als wolle er ihnen zurufen: „Hört nicht auf die Eindringlinge! Auch wir haben mächtige Götter! Auch wir kennen ein Leben nach dem Tode!

Auch wir wissen, wie die Welt entstand, wie sie dem Verderben verfällt, und wie sie einst wieder neu erstehen wird!" Sein Ruf wurde nicht gehört; das Heidentum mußte weichen, und seine glänzendste Dichtung ist zugleich sein Schwanengesang geworden.

Ist nun aber der Dichter, der die alte Lehre so einsichtsvoll deutet, nicht vielleicht schon selbst von der neuen berührt? Hat er nicht unwillkürlich Ideen des Christentums, die ihm bekannt geworden waren, hinübergenommen in das heidnische Weltbild, das er seinen Hörern zeigen wollte? Die Frage läßt sich nicht mit Sicherheit beantworten. Es hat bisher noch nicht gelingen wollen zu zeigen, wie jeder einzelne der Mythen der Woluspa entstanden ist, wie und wann sie sich zu einem Ganzen zusammenfügten. Andererseits erinnert manches in dem Gedicht an christliche Vorstellungen. Die Gestalt Baldrs läßt an Christus denken, Loki trägt ähnliche Züge wie der christliche Teufel, die neue Erde gemahnt an die Auferstehung der Toten. Aber weit größer als die Ähnlichkeit sind doch jedesmal die Unterschiede.

Am ehesten könnte man meinen, daß die Vorstellung von der zukünftigen Welt beeinflußt sei von dem christlichen Glauben. Aber hier gerade welche Verschiedenheit! Mag auch der Dichter in dem Götterstreit, dem Wanenkrieg, das erste Böse in der Welt sehen: die neue Welt hat doch wieder ein kriegerisches Aussehen. Baldr und Hod sind Kampfgötter wie Odin; in Gimle hausen die Scharen tapferer Mannen wie in Walhall. Eine neue Welt, in der Kriegsgötter herrschen, in der die tüchtigen Kriegsmannen der höchsten Freuden teilhaftig werden, kann nicht christlich, kann nur heidnisch-germanisch sein.

Darf demnach die Woluspa wohl als durchaus heidnisch gelten, so fragt sich's weiter: Ist sie einzig und allein eine nordische Dichtung, oder dürfen wir sie mit einer gewissen Beschränkung auch als ein gemeingermanisches Gut ansehen? Sie ist entstanden in der Spätzeit des nordischen Heidentums; Jahrhunderte lang haben die Mythen, die sie enthält, im Norden gelebt und sich gewiß mannigfach umgestaltet; vieles hat sich sicher dort erst neu gebildet. Sie ist also sicher zunächst Eigentum der Nordleute.

Aber dennoch — die Gestalt Odins, wie sie uns in dem Gedicht entgegentritt, hat sich zunächst südlich von den deutschen Meeren ausgebildet, und wie viele der Einzelmythen mögen aus dem Süden, aus Deutschland herübergekommen sein oder aus der Zeit stammen, wo die Germanen noch auf kleinerem Raume zusammensaßen? Eines der wenigen Denkmäler des deutschen Heidentums, der zweite Merseburger Zauberspruch, lehrt uns, daß es schon in Deutschland eine ganze Reihe von Göttinnen gab, daß der nordischen Fulla eine deutsche Göttin gleichen Namens entspricht. Gar viele Gottheiten der nordischen Lieder werden demnach auch in Deutschland bekannt gewesen sein, wenn uns bei dem fast völligen Mangel an Quellen auch jede Kunde von ihnen versagt ist. Ist also die Woluspa auch nicht gemeingermanisch ihrem ganzen Inhalte nach, so wird sie es wenigstens ihren Grundlagen nach sein.

Ein böses Geschick hat uns deutscher Götterlieder und Göttergeschichten beraubt; machen wir daher die nordischen, die auf gleichem Baume gewachsen sind wie die deutschen, uns zu dauerndem geistigen Eigentum!

REGISTER

REGISTER

Ägir 29f. 39. 44
Agnar 21
Alci 12
Andwari 42f. 50
Angrboda 43. 51
Asen 17
Asgard 17. 48. 50. 57
Ask 48
Audumla 47

Balder 14
Baldr 36. 37. 40. 44. 52ff. 58. 59
Baumeister, riesischer 50f
Beowulf 39
Bergelmir 48
Bifrost 44. 48. 55
Bragi 41. 44
Brawallaschlacht 23f
Brisingamen . . . 29. 37. 38. 44
Bruni 23f
Brynhild 24
Bur 47
Buri 47

Donar 12. 16. 26
Draupnir 53f

Edda 17
Egdir 54
Einherier 25. 55. 56f
Eldir 39. 44
Embla 48

Fafnir 42f
Fenja 33
Fenriswolf (Fenrir) 25. 35f. 43. 51f
55f
Fensalir 37
Fialar 20
Fimafeng 39
Fiolswid 38
Forseti 36f
Frea 13
Freki 18. 25
Freyja 27. 28f. 38f. 44. 50
Freyr . . . 11. 32f. 34. 35. 53. 56
Frigg . . . 21. 36. 37. 38f. 52. 55
Frija 13. 14. 37. 38
Frodi 33f
Fulla 21. 37. 59

Galar 20
Gangrad 18. 19
Garm 54. 55. 56
Geirrod (König) 21. 37
Geirrod (Riese) 27

Gerd 33
Geri 18. 25
Gialp 27
Gilling 20
Gimle 58. 59
Ginnungagap 47
Glasir 25
Gleipnir 35
Gna 37
Goldenes Zeitalter 48f
Grani 22
Greip 27
Grendel 39
Grid 27. 55
Grimnir 18. 21
Grotti 33
Gullfaxi 27
Gullinburlti 32
Gullweig 50
Gungnir 18. 55
Gunnlod 20
Gymir 33

Harald hildetand 23f
Hati 54
Hawi 20
Heidrun 25
Heimdall . 29. 43f. 45. 54. 55. 56
Hel 43. 51. 54
Herfiotur 24
Hermod 52. 53f
Himinbiorg 44
Hlidskialf 18. 21. 33. 37. 45. 48
Hnikar 23
Hod 36. 52. 54. 58
Hofwarpnir 37
Hönir 42. 48. 50. 58
Hräswelg 55
Hreidmar 42f
Hring 23f
Hringhorni 52f
Hrungnir 27f. 38. 58
Hrym 54. 55
Hugi 31
Hugin 18
Hymir 29f. 39. 56
Hyrrokin 53

Idafeld 48. 58
Idise 13f
Idun 41. 44
Ing 11. 16. 32. 46
Irmin 10. 16. 46
Istw 12. 16. 46

Kwasir 20

Lit 53
Lodur 42. 48
Logi 31

Loki 27. 28f. 30f. 36. 38. 41
42—45. 50f. 52. 54. 55f. 59
Losungen 14f

Magni 28. 58
Mannus 16. 46
Mardoll 38
Menglod 38
Menja 33
Menschenschöpfung 48
Midgard 48. 57
Midgardsschlange 30. 43. 51f. 55. 56
Mimir 18f. 49. 51. 55
Miolnir 26. 28f. 31
Miltiltein 36
Modi 58
Mokkrkalfi 28
Munin 18
Muspellsheim 47. 54
Muspilli 16. 46

Naglfar 55
Nanna 36. 53. 54
Neck 40
Nerthus 11f. 32
Nidhogg 49. 58
Niflheim 47
Niord 32. 33. 40. 50
Nixen 40
Noatum 40
Nornen 49

Od 38
Odin 17—25. 26. 27. 30. 34. 35
37. 41. 42—45. 46. 47. 49
50. 51—53. 55
Odrerir 20
Opfer 9f. 11. 34
Orakel 15
Otr 42

Ragnarok 57
Ran 39
Ratatosk 49
Regin 22. 42
Religion 10
Rerir 37
Riesen 46f. 48
Runen 15. 19

Sährimnir 25
Saxnot 10. 16
Sif 27. 38f. 40. 45
Sigmund 22f
Sigrlinn 22
Sigurd 21ff. 24. 43
Sigyn 45
Sinthgunt 14
Skadi 33. 40. 45
Skeaf 11

Skidbladnir 32	Thrym 28f. 38	Weleda 46
Skirnir 33	Thrymheim 40	Welteſche ſiehe Yggdraſil
Skoll 54. 57	Tiw . . 10f. 13. 14. 32. 35. 37	Weltſchöpfung 47f
Skrymir 31	Tuiſto 16. 46	Werdandi 49
Skuld 49	Tyr 10. 21. 29f. 35f. 43. 52. 56	Widar 27. 44. 55f
Sleipnir . . 18. 22. 27. 52. 53		Wigrid 55ff
Sonnenmythen . 9. 33. 36. 37. 38	Ull 40	Wilde Jagd 9. 12
Sunna 14	Uppſalatempel 34	Wili 47
Surt 54. 55. 56	Urd 15. 49	Wimur 27
Suttung 20f	Utgardaloki 30f	Wodan . . 12f. 14. 15. 16. 17
Swadilfari 50f		Wode 12
Swipdag 38	Volla 14	Wolſung 21f
		Wolwa 46f. 49. 51
Tanfana 12	Wafthrudnir . . . 19f. 37. 47	Wurd (Wyrd) 15. 49
Tanngnioſt 26	Walhall 21. 24. 25. 26. 41. 43. 48	
Tanngrisnir 26	51. 56. 57	Yggdraſil . . 18f. 49. 55. 58
Tempel 4. 34	Wali 54	Ymir 47f
Thialfi 28. 30f	Walkyrien . . . 13f. 24. 25	
Thiazi 40. 41	Wanen . . 20. 32. 38. 40	Zauberſprüche 13f
Things 10f	Wanenkrieg 50	Zauberlieder 20
Thokk 54	Waſſermann 40	Ziu 10. 15. 35
Thor 26—31. 34. 35. 42. 43 45 50f. 53. 56. 57	We 47	Zwerge 48

HABENT SVA FATA LIBELLI·